発酵デパートメントとつくる

いますぐハッピー発酵最強レシピ

発酵デパートメント
小倉ヒラク

味噌、酢、みりんを
変えれば、世界が変わる

みなさーん、発酵してますかー？

まえがき

みなさん、発酵していますか？
発酵デザイナーの小倉ヒラクです。

この本は、微生物と醸造家の力を借りてハッピーになれるレシピ集です。

発酵食品には、微生物の働きで引き出された旨みや甘み、コク、先人の知恵と歴史、醸造家たちの技術、長い時間軸で積み重ねた美味しさが詰まっています。

例えば、八丁味噌は2年以上熟成させていたり、トリイソースの桶底ソースは自社醸造のお酢とたくさんの野菜やスパイスを木桶で熟成させていたり、驚くほど手間暇がかかっています。

美味しい料理をつくるには僕たちがそこに乗っかればいいだけ。レトルトのパスタソースを使うのと同じ感覚で、サッとかけるだけ、混ぜるだけの数ステップで、手間と時間をかけたような料理がつくれてしまいます。そう、いわば発酵による時短・手抜き料理。それでいて、体にもやさしい最強のハッピーレシピなのです。

本書は、２０２１年から２０２４年にかけて発酵デパートメントで販売した動画つきのレシピ講座がもとになっています。

ＰＡＲＴ１で紹介する発酵食品のＤＩＹレシピは、僕が何度も実験を重ねてつくった、味噌や麹といった発酵食品の手作りに挑戦するレシピ。ＰＡＲＴ２以降は、３名の料理家さんによる発酵調味料の美味しさや個性をいかしたレシピです。

中には発酵デパートメントのレストランで定番メニューになっているレシピもあり、これらのレシピをきっかけに発酵デパートメントのファンになってくれた人も多数！　僕たちもこのレシピをつくりながら、「こんなに美味しいものがつくれる自分は天才では？」「手間に対して、味わいが奥深すぎる！」と、うなっていました。

きっとこの驚きや感動は、みなさんにも体験していただけるはず。ぜひ期待していてください。

発酵食品のＤＩＹは失敗を恐れずに。発酵調味料を使ったレシピは、パラパラッとめくってその時の気分に合う料理に気軽にチャレンジしてください。

発酵を通じて、いつものごはんが豊かになったり、日々の新しい発見につながれば幸い。今日から起こすぞ、発酵自炊革命！

小倉ヒラク

発酵と腐敗は人の心で決まる？

そもそも「発酵」とは

発酵に興味をもつ人が増えて、「発酵ってなに？」を説明する機会が増えました。発酵とは広い意味では「人間の役に立つ菌の働き」のこと。専門的には「太陽光も酸素も使わず、酵素によるエネルギーの代謝」を発酵とも言いますが、ちょっと難しいのですね。

味噌を例に考えてみましょう。大豆を煮て麹を混ぜて、味噌になるように発酵させたら、香りも良くおいしくなって、腐りにくくなります。逆に、手を加えずそのまま放っておくと、酸っぱい変な臭いがして、「あ、これ食べたら危ないな」って味になっていく。つまり、腐ってしまったということです。

私たちが生活している空間上にも見えない微生物がいっぱいいて、その働きによっておいしい発酵食品ができたり、お腹が痛くなるほど腐ったりする。そのときに入ってくる菌が人間にとって「いいやつ」か「悪いやつ」か。菌の種類が違うだけなんです。そう考えると、発酵と腐敗は同じ現象なんですね。

では、発酵と腐敗のボーダーラインはどこか。それは、くさやが教えてくれます。

くさやは伊豆諸島の特産品で、くさや液という漬け汁に魚を漬けて発酵させ、その後天日で干した発酵食品です。嗅いでみると、なんともいえないニオイ！　10人いたら、8人は「ちょっと食べられない……」というけれども、2人は「すごく好き！」といったように好みがわかれます。食べられないと思った8人からすると「腐敗」、好きと答えた2人にとってはおいしく「発酵」したことになる。明らかに腐ってしまい人間にとって毒になるものもありますが、基本的には発酵と腐敗は紙一重。その境目はあいまいといえるでしょう。

発酵すると、人間にとってどんな良いことがあるのでしょう。ポイントは3つあります。

❶腐らない　❷健康にいい　❸おいしい

1つめは「腐敗を防いで保存できる」こと。たとえば、お味噌。先ほど煮た大豆の例をあげましたが、お味噌になると1年たっても腐らなくなります。

2つめは「栄養満点！健康になる」こと。発酵食品はいまヘルシー志向の人たちの間で人気です。実際、最近の微生物学によって、さまざまな健康機能が明らかになってきています。

3つめは「奥深い美味しさが生まれる」こと。毎日、煮た大豆をたくさん食べるってちょっとしんどいけど、お味噌汁だったら、複雑な味と美味しさがあるので毎日食べても飽きないと思います。

発酵食品をつくるときの心得

発酵食品は長年家庭で仕込まれてきたものも多く、手順や分量を守れば失敗しにくいレシピになっています。麹やごどは少しコツがいるけれど、ちょっと不器用でも大丈夫。発酵させる時間や混ぜる頻度がレシピと多少違っても問題ありません。

何よりも、失敗を恐れずに気軽にやってみる精神が大事！　できる範囲で挑戦しましょう。

レシピをアレンジしたくなったり、つくる途中で「本当に大丈夫？」と心配になったときのために、発酵食品をつくるときの基本ルールをおさえておきましょう。

発酵食品をつくるときの基本ルール

肝心なのは料理の前後。準備や工程が終わったあとの
発酵させる場所に気をつけましょう。

1 手洗いうがい

作業の前に、まずは手洗いうがいをして、衛生的に！

2 保存容器はよく洗って消毒

味噌や塩麹を発酵させるときの保存容器はしっかり洗って、煮沸消毒やアルコール消毒をしておきましょう。作業するテーブルの上もキレイにしておきましょう。

3 塩を減らさない

塩は味つけだけでなく悪い菌を繁殖しにくくする、防腐の役割も果たしています。塩を減らすと腐りやすく危険な場合もあるので、レシピの分量から塩を減らさないようにしましょう。

4 極端な湿気や直射日光を避ける

湿度や温度が高くなりすぎると、発酵がうまくいきません。味噌などを保存するなら、直射日光が当たらず、風通しの良い場所がおすすめです。

5 温度管理は温度計を使う

温度が少し上下してしまうのは問題ありませんが、麹や納豆の場合はきちんと温度計で計りながら温度管理を欠かさないようにしましょう。

6 危ないかな？と思ったら食べない

はじめてつくるときは、発酵の過程の匂いや見た目をよく観察しましょう。途中で「腐ってしまったかな？」と心配になったら、食べるのはやめておきましょう。

CONTENTS

PART 2

CONTENTS

PART 4

CONTENTS

PART 5

本書の使い方

●材料は料理によって作りやすい分量を掲載しています。

●計量スプーンは小さじ1＝5㎖、大さじ1＝15㎖。計量カップは、1カップ＝200cc（米の場合は1カップ＝180cc）です。

●野菜類は特に記載がない場合は、皮をむく、洗うなどの下処理済みです。

●加熱調理は、ガスコンロ使用を基準にしています。特に記載がない場合の火加減は中火です。IH調理器などの場合は、調理器具の表示を参考にしてください。

●電子レンジの加熱時間は600Wの場合の目安です。機種によって加熱具合が異なるので、様子を見て加減してください。

PART 1

発酵の基本

まずは発酵のキホン
教えます！

HIRAKU
OGURA

DIY

味《み》噌《そ》

全国各地にはさまざまな味噌があります。定義するならば「麹と大豆と塩を混ぜ合わせて発酵させた、固形の調味料」。味噌づくりは、昔は「手前みそ」が当たり前だったこともあって、誰でもつくれるようデザインされているから発酵ビギナーにもおすすめ。塩をたくさん加えるので腐りにくく失敗しにくいのです。そして、麹菌から出る酵素がタンパク質を旨みに、デンプンを甘みに変えてくれ、乳酸菌や酵母菌などの多様な微生物が働いて複雑な味わいが出るから、誰でも美味しくつくれてしまいます。微生物が僕たちを料理上手にしてくれるというわけ。

味噌の作り方

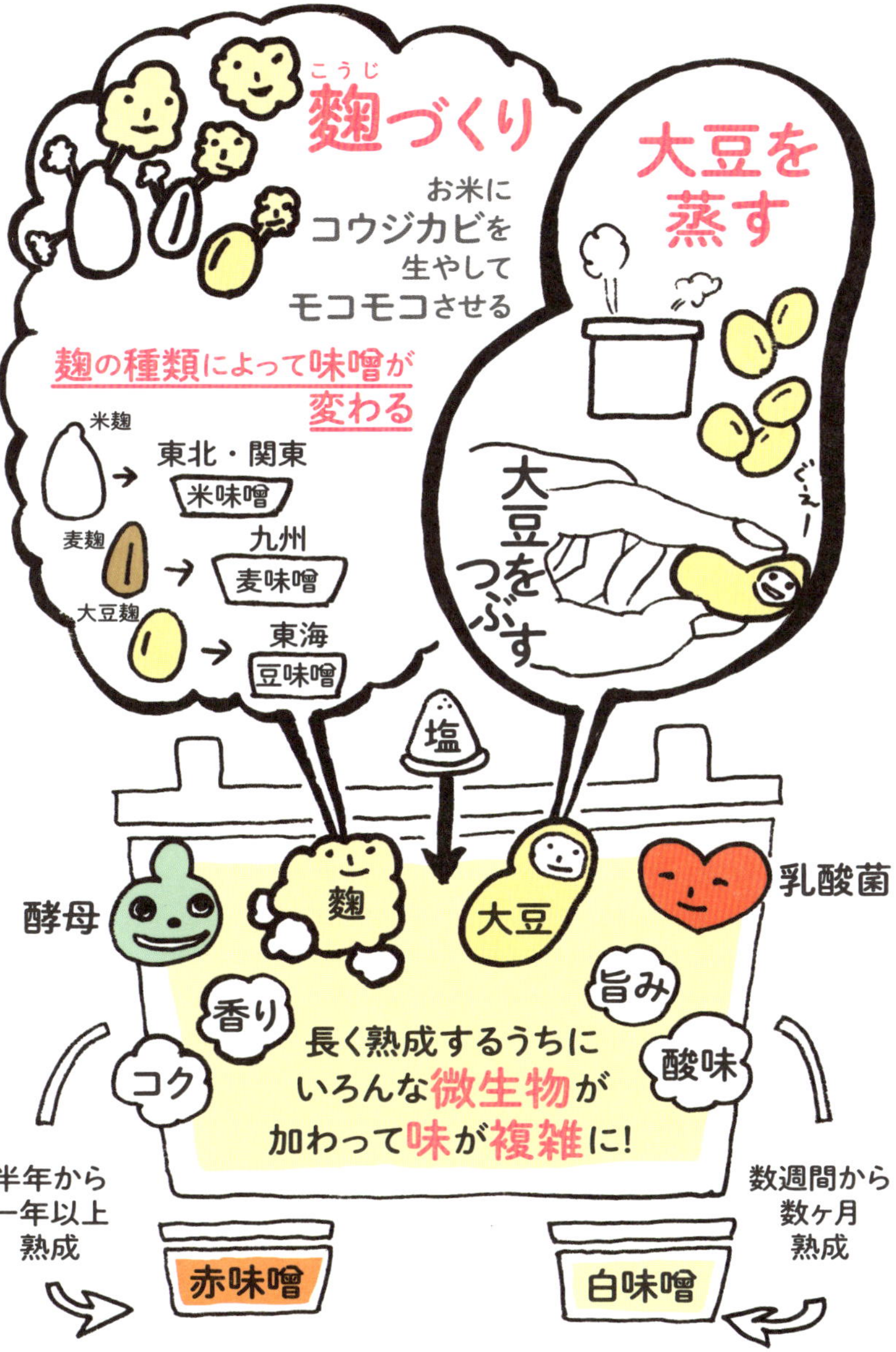
麹《こうじ》づくり
お米に
コウジカビを
生やして
モコモコさせる
麹の種類によって味噌が
変わる
米麹
東北・関東
米味噌
麦麹
九州
麦味噌
大豆麹
東海
豆味噌
大豆を
蒸す
大豆を
つぶす
ぐぇー
塩
酵母
麹
大豆
乳酸菌
香り
コク
旨み
酸味
長く熟成するうちに
いろんな微生物が
加わって味が複雑に!
半年から
一年以上
熟成
赤味噌
数週間から
数ヶ月
熟成
白味噌

1

2

1 ローカル麹文化を守る秋田県横手の羽場こうじ店。麹屋を継いだ女将の鈴木百合子さん。2 甲州味噌は仕込みの段階から米麹と麦麹をミックスして作る珍しい醸造方法（山梨）。3 八丁味噌はピラミッド型の石積みをして桶のなかの空気を抜く（愛知）。4 新鮮なブリの内臓を大豆と合わせてつくる奥能登のブリみそ（石川）。5 奄美諸島に自生する、有毒の種子からつくる、南国ならではのソテツ味噌（鹿児島）。

味噌の歴史は古く、平安時代の文献に記されています。官僚の給料として使われたり、貴族の恋の歌に味噌の貸し借りが登場したり。貴重な調味料であり、トレンディかつ雅なアイテムでもあったようです。戦国時代には武士の戦陣食になり、家庭でも味噌がつくられるようになりました。

各家庭でその土地の食材でつくられ、独自の味が育まれた味噌はローカリティの鑑。ここで紹介するのはスタンダードな味噌のつくり方ですが、各地の色が表れた味噌があります。まずは原材料にスポットを当てて見てみましょう。

よく知られているのは、米麹と

3

4

5

大豆でつくる米味噌。味噌の消費の7割くらいが米味噌で、長野県の信州味噌や宮城県の仙台味噌などが有名ですね。九州や四国で主に食べられている麦味噌は、麦麹と大豆でつくられたもの。麦麹でつくると甘みが強く仕上がり、発酵が進むのが早いです。東海地方と和歌山県の一部では、米麹や麦麹を使わず、大豆自体を麹にした豆麹に塩を加える豆味噌（八丁味噌）がメジャー。中国から渡ってきた豆豉《とうち》のような味わいを持ち合わせています。

さて、あなたの家の冷蔵庫にある味噌はどれでしょうか。

1 永平寺御用達の米五味噌。厳しい修行に励む僧侶にとって味噌は貴重なタンパク源（福井）。2 北陸の味噌は麹の量が少なく熟成期間が短いため、色は薄めなのにしっかりしょっぱい。3 金山寺味噌は野菜と一緒に発酵させた、野菜の旨みたっぷりのおかず味噌だ（和歌山）。4 長野の山間地に伝わるみそ玉。インパクトある香りとコクが特徴的。5 古くからの特殊な製法による郡上味噌はクセが強いがハマる香り。

このように使われる麹の種類でざっくり呼び分けられている味噌ですが、ここに当てはまらない特殊なものも。例えば、米麹と麦麹でつくるハイブリッドな山梨県の「甲州味噌」や、大豆を使わずに麦と麦麹、塩だけでつくる愛媛県宇和島の井伊商店の麦味噌、奄美大島でつくられているソテツ麹で作る味噌など。各地で個性的な味噌が親しまれているのです。

白味噌、赤味噌という呼び方の違いは、熟成度合いによるもの。特に京都の白味噌は材料も製法もかなり特徴的です。たっぷりの麹を使用し、塩を極限まで少なくして、発酵する温度を高め短期間で

5

4

発酵させる、甘酒のような製法でつくられています。先に紹介した仙台味噌のように、麹の割合が少なめで熟成期間が長い味噌を赤味噌と呼びます。

　ここで少し科学的なお話を。味噌の色が濃くなっていく現象は、お肉の焼き色やおこげと同じメイラード反応と呼ばれるもの。糖やアミノ酸などが加熱で褐色になる化学反応で、実は、味噌は時間をかけて熟成しながらかぐわしく焦げていっているのです。香りも味も奥深くなっていると考えると納得ですね。味噌づくりにチャレンジするときは、ぜひ色の変化にも注目してみてください。

味噌をつくろう！

味噌のつくり方は実はシンプル。煮大豆と塩と麹を混ぜてペーストにし、しばらく熟成させるだけ。専用の調理器具も不要！

用意するもの　約500g分

- かんたん手前味噌キット（水煮大豆、塩きり麹）
  または大豆100g、乾燥麹200g、塩50g
- ファスナーつき保存袋　● ボウル　● マッシャー

1 浸水した大豆を鍋で煮る

（キットを使用しない場合はここからスタート）大豆をボウルに入れ、たっぷりの水につけて一晩浸水させます。約3倍に膨れた大豆を3～4時間煮ます（圧力鍋なら20分でOK！）。親指と小指で簡単に豆をつぶせる程度になったらざるにあげて粗熱を取り、その際にカップ半分弱（80㎖）の煮汁を取っておきます。

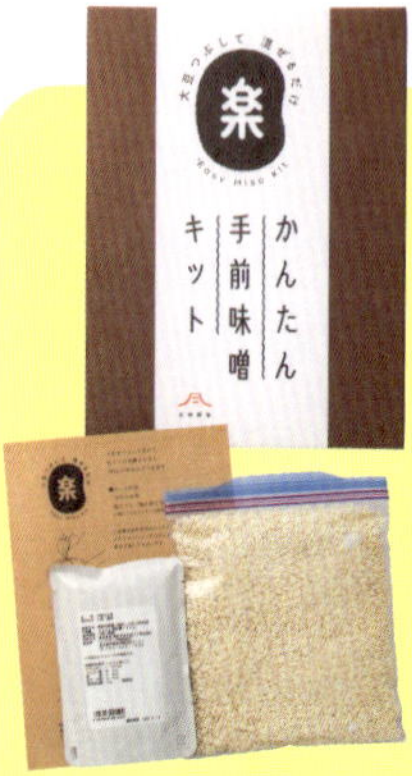

かんたん手前味噌キット

五味醤油

水煮大豆をつぶして、麹と塩と混ぜるだけのとっても簡単にみそを仕込めるキット。あっという間にできたみそを約2ヶ月発酵させて出来あがり。大豆はすでに煮てあるので、鍋も必要ありません。手前みその入門におすすめ。

2 大豆をつぶして塩きり麹と混ぜる

水を切った大豆を、手でモミモミしてつぶし、ハンバーグのようにしていきます。ファスナーつき保存袋を使うと簡単。なめらかにしたい方はマッシャーを使いましょう。大豆をつぶし終わったら、塩きり麹（乾燥麹と塩をよく混ぜたもの）を加えて混ぜます。さらに、とっておいた煮汁も追加。素手でワシャワシャと混ぜていきます。

3 お団子をつくって仕込む

大豆と麹が混ざったら、丸めて団子をつくります。ファスナーつき保存袋（または保存容器）に団子をエイっと投げ入れ、団子の山をエイエイとこぶしで平らにならしていきます（空気を抜く目的なのでしっかりと！）。容器の場合は、仕上げに表面をならし、塩（分量外）を3〜5gほど表面にふりかけ、コーティング。ラップをかぶせて、重しをしたら仕込みはOK！

保存方法

涼しくて風通しの良い場所に、半年間保存したら食べごろ！　ひと月に一度開けて色や香りが変わる経過を楽しんでください。

気をつけること

- 基本は室温で保存
- 冷蔵庫に入れると発酵が止まります
- ジメジメした場所、直射日光を避ける
- 表面にスライムのような白や青のポツポツが出たらスプーンで取る。毒ではないので、ご安心を

DIY

甘《あま》酒《ざけ》&塩《しお》麹《こうじ》

発酵入門にぴったりのこの2つ。つくって味わうと麹のことがよくわかるんです。料理に使えば旨みがプラスされて、野菜や肉、魚を漬ければやわらかく美味しく仕上がる万能調味料の塩麹。甘くて、体にもやさしい麹の甘酒。どちらも混ぜておいておくだけで完成して、塩や砂糖がわりに毎日でも使えます。でも、ちょっと待って。同じお米で作ったのに、どうしてこんなに味わいが違うのでしょうか。旨み、甘みが生まれる過程に注目してみると、手軽なレシピの中に隠された麹の面白さを発見できるはず。「麹ってなに？」を知る第一歩になりますよ。

甘酒のしくみ

麹+水
60℃
6時間

アミラーゼ
ブドウ糖の酵素チョキチョキを活かすと**甘酒**に

プロテアーゼ
アミノ酸の酵素チョキチョキを活かすと**塩麹**に

甘酒が甘いのは、塩麹に旨みを感じるのはなぜ？　それは、米麹の麹菌が持っている酵素が米の栄養素をチョキチョキ分解してくれるから。アミラーゼは米のデンプン質を分解して甘みのもととなる「ブドウ糖」に、プロテアーゼはタンパク質を分解して旨みのもととなる「アミノ酸」に変えてくれるのです。しかもこの酵素、活発に働く最適温度がそれぞれ異なります。アミラーゼは55〜60℃くらいが得意なので炊飯器で保温すると甘酒ができ、プロテアーゼは25〜30℃くらいが得意なので常温で発酵を進めると塩麹ができるというわけ！　すごいぜ、麹。

甘酒をつくろう!

甘酒は麹を味わうための基本的な発酵食品。
発酵のつくりだすやさしい甘みが味わえますよ!
今回は米も使わず、麹と水だけで作ります。
甘酒が甘くできたら麹づくりは成功です!

用意するもの 作りやすい分量

- 米麹 150g
- 水 250㎖
- 耐熱のファスナーつき保存袋
- 炊飯器
- 厚手のタオル

1 米麹と水をまぜる

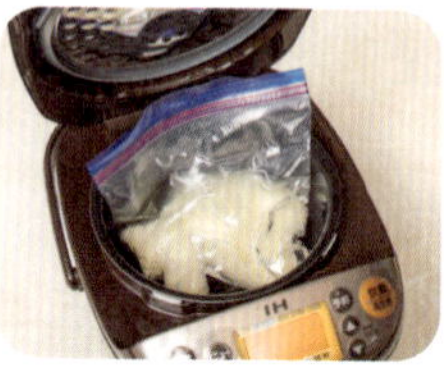

耐熱のファスナーつき保存袋に米麹と水を入れて口を閉じます。炊飯器に入れ、約60℃のお湯を注ぎます。袋の中身の部分が全部浸かるくらいの量が目安です。

2 炊飯器に入れて保温する

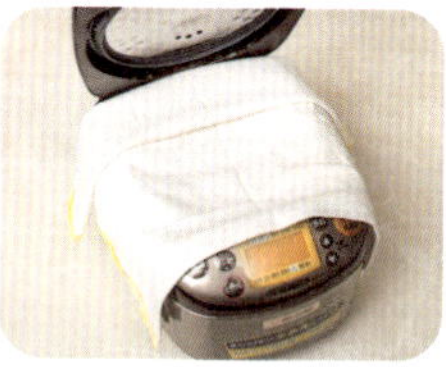

炊飯器を保温モードにして「60°C」をキープします。そのとき、ふたと炊飯器のあいだに厚手のタオルをかませ、熱が逃げる隙間をつくっておきます。6時間ほど保温したら完成です!

おすすめレシピ

出来上がりはお粥状なので、滑らかにしたい時は水分を足してミキサーを使ってください。氷を入れるとそのままアイス甘酒に。豆乳やミルク、ぶどうジュースで割っても◎。小倉ヒラクのおすすめは、ミキサーにかけた甘酒を牛乳で割って寒天で固めた甘酒プリン。

米五のこうじ

株式会社米五

国産のお米を使用した米麹。お米にコウジカビという毒のない、日本でしか使われない不思議な発酵カビをつけてモコモコにしたもの。みそをはじめ和食の主要食材の発酵スターターとして使われます。

塩麹をつくろう！

万能調味料の代表ともいえる塩麹。
麹と塩を水で溶いてペースト状にしたものです。
つくり方もとっても簡単なので、
自分だけの塩麹づくりにチャレンジしてみて！

用意するもの 作りやすい分量

- 米麹 125g
- 塩 30g
- 水 125㎖
- 保存容器

1 米麹、水、塩を混ぜる

保存容器に米麹と塩を入れ、スプーンなどでしっかり混ぜます。水を入れてさらに混ぜたら、ふたをし、直射日光の当たらないところで、7〜10日間ほど常温におきます。2、3日に一度、できれば毎日、全体をかき混ぜます。

2 熟成したら出来上がり！

麹と水がよくなじんで、米の粒が溶けてきて、べっこう色のペーストになり、甘酸っぱい発酵臭が漂ってきたら出来上がり。冷蔵庫に入れたら数ヶ月は保存できます。

おすすめの使い方

塩麹は塩の代わりとして使うことができ、和洋中どの料理にもよく合います。野菜なら、ポリ袋などに塩麹とお好きな野菜を入れて一晩おいたら、そのままお召し上がりいただけます。肉や魚にも塩麹を塗って、一晩から1日くらい漬けたのち、焼いたり煮たりするだけでとっても美味しいご馳走に。

DIY

漬《つけ》物《もの》

ぬか漬け、ザワークラウト、ピクルス、キムチ。漬物は世界中にあって、そのバリエーションは無限！　特にアジアは湿度の高い気候から、酵母やカビなどの菌を使った多様な漬物があります。日本にはその土地ごとに〇〇漬けと名のつく漬物があって、使う食材や工程が似ているものも別と数えると、数百種類はあるような……。

　漬物は、野菜、くだもの、肉、魚などの食材を塩や酢、酒粕、ぬか、麹などに漬け込んだもの。この章では代表的な漬物を紹介しています。それぞれの発酵の時間軸や食材のテクスチャー、味わいの変化を感じてみてください。

ぬか漬け ミクロコスモス!

微生物による発酵

- ザワークラウト
- ぬか漬け
- キムチ
- なれずし　etc.

酵素・調味料による発酵

- 粕漬け
- 麹漬け
- 酢漬け
- 味噌漬け　etc.

多様性に富んだ微生物の成果物！

漬物は食材がたくさん手に入った時に保存・備蓄したり、風味をよくして食べる手段として、日本では平安時代以前の古くから用いられてきました。実はおすしの原型である、なれずしもそのひとつ。おすしは握るのではなく、漬けるものだったのです。なれずしは、魚の塩漬けを米や米麹で漬けて乳酸発酵させた酸っぱい漬物。はじめは保存性を高める目的だったと推測されますが時代を重ねるにつれて、半なれ、生なれと発酵の浅いものが好まれるように。江戸時代はクイックに美味しいものをというニーズから、ごはんに酢を混ぜる今に近いおすしになりました。

よく「ぬか漬けはぬかと塩を混ぜた床に野菜を漬け込んだもの」と説明されますが、これは本質ではありません。「植物性乳酸菌による発酵食品」とも言われるけれど、乳酸菌のほか、酵母や各種細菌類などの多様性あふれる微生物が入り交じった、複雑な発酵によってできているのです。キットがあればぬか漬けは1日で完成するけれど、時間の経過とともに微生物の生態系が複雑化し、ぬか漬け独特の風味が生成されるので、できれば数ヶ月〜年単位で続けてみるのがおすすめ。そうすれば多様な微生物がきらめく、ぬか床のミクロコスモスを体感できますよ。

ぬか漬けをつくろう！

米ぬかでゼロからつくるぬか漬けは、野菜の切れ端などを漬け込み乳酸菌の増加を促す、捨て漬けという作業が必要です。ここでは、すぐに食べられるキットを使ったつくり方をご紹介。まずは、乳酸菌のエサになる糖質豊富なにんじんから漬けてみて。

用意するもの

- ぬか床一年生
- 水 400㎖
- にんじん（好みの野菜でOK）

1. 袋にぬか床一年生と水を入れてよくもみ込む
2. 酵母を加えてさらにもみ込む
3. にんじんは頭を取って皮をむき、縦に½に切る
4. 袋ににんじんを入れ、冷蔵庫で24時間漬け込めば完成！

POINT 野菜の周りにまんべんなく、ぬかが触れるように入れるのがポイント。空気を抜くように揉み込んだあと、袋を閉じましょう。

ぬか床一年生

株式会社コメット

天然酵母の力で、美味しいぬか漬けが1日で作れる簡単キット。伊豆天城山で1年以上熟成したみかんの天然酵母がおいしさの決め手。材料はすべて厳選された国産原料を使用しています。塩分控えめもうれしい。

ザワークラウトをつくろう！

ザワークラウトはドイツで定番のキャベツの漬物。漬物の超基本である塩漬けは、食材の細胞を破壊し、漏れ出た栄養物をエサに乳酸菌の発酵が行われます。乳酸菌の力で、酢を入れてないのに酸っぱくなります。

用意するもの 作りやすい分量

- 塩 約15g
- キャベツ 400g
- ボウル
- 保存容器（またはファスナーつき保存袋）

さらに発酵が進むと、乳酸菌の力で分解が進み、わーっと水が出てきます。

1 材料を準備する

キャベツを千切りにします。ボウルにキャベツと塩を入れ、しんなりするまでよくもみ込みます。

2 漬け込んだら完成！

煮沸消毒した保存容器に**1**を入れ、常温で1～2日おき、シュワシュワと酸っぱくなってきたら完成！
※発酵が足りなかったら1～2日延長する。

POINT

野菜から出る水分に完全に浸かるよう、空気が入らないようにするのがポイントです。シュワシュワしてきたら冷蔵庫に移して、1週間をめどに食べきってください。キャベツで成功した人は、マッシュルームのザワークラウトもおすすめです。マッシュルーム 100g に対して塩5g、ファスナーつき保存袋に入れてよくもみ込み、重しをして漬け込んだら完成です。

酒粕漬けをつくろう！

西京漬けにも使われる酒粕漬けを使って、発酵デパートメントのディナーコースでも定番メニューだったガストロノミーっぽい卵黄粕漬けに挑戦してみましょう！ 酒粕の上品な香りをまとった卵黄の味わいが最高です…!!

用意するもの 作りやすい分量

- 卵黄 2個
- 酒粕 100g
- 耐熱ボウル
- 水 30mℓ
- 塩 小さじ2～3（10～15g）
- 保存容器
- みりん 大さじ1

スプーンですくってそのまま食べて酒の肴にしたり、ごはんのおともにどうぞ。

1 漬け床を準備する

酒粕を小さくちぎって耐熱ボウルに入れ、水を混ぜて500Wのレンジに約1分半かける。やわらかくなった酒粕にみりんと塩を入れてよく混ぜ、漬け床を作ります。

2 卵黄を落とす

漬け床を保存容器に移し、スプーンで作った凹みに卵黄を落とします（卵黄が発酵と塩の作用によって固形化し、うまみたっぷりの半熟ペーストになります）。

3 漬け込んだら完成！

冷蔵庫で3～4日漬け込んで、卵黄が固まってきたら完成！ ※発酵が足りなかったら1～2日延長する。

DIY

納豆《なっとう》

「納豆とは？」といわれるとちょっと難しい。なぜならネバネバしたアイツだけが納豆じゃないから。実は納豆は大きく分けて2種類。おなじみの糸引き納豆と寺納豆というものがあります。

　寺納豆は京都の一休寺納豆や静岡の浜納豆などがあり、見た目は真っ黒！中国の豆豉に似ていて、煮た（蒸した）大豆に麹菌をつけて発酵、乾燥させてつくられます。糸引き納豆は、煮た（蒸した）大豆をいわゆる納豆菌で発酵させたもの。語源は、作っていた場所や保管場所から……と諸説ありますが、同じ納豆といっても原料以外はまったくの別ものなのです。

糸引き納豆の

納豆菌のネバネバとおいしさのひみつ

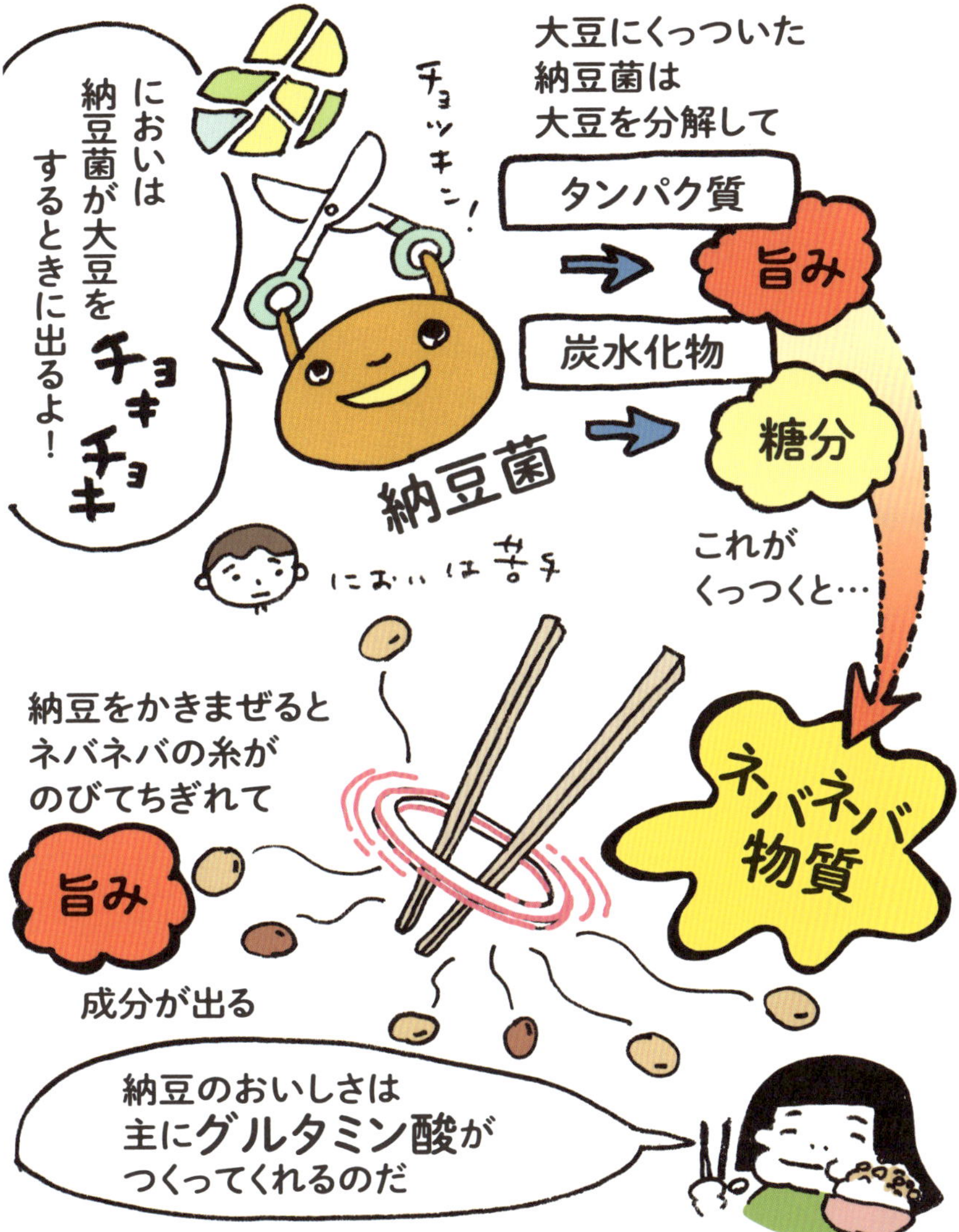

1 茨城県の発酵食品の代表といえば水戸納豆。**2** 素朴で愛らしいパッケージの天狗納豆（茨城）。**3** 雪の中で緩やかに発酵させてつくる、岩手の雪納豆。**4** 雪納豆は普通の納豆と比べ、糸が絹のように細く、味もまろやか。**5** 京都の一休寺納豆。**6** 半野外で発酵させる一休寺納豆は豆豉と同じ製法。**7** 納豆雑煮（福井）。**8** 昆布だしで煮た餅に、すりおろした大量の納豆と味噌を時入れたら納豆雑煮の完成。**9** インド、メイテイ族の納豆。

寺納豆に比べて、糸引き納豆の歴史はあまり文献に残っておらず、誕生ストーリーも諸説あり。共通するのは、加熱後の大豆をほうっておいたら納豆になったということ。納豆菌と呼ばれる枯草菌がどこにでもいる野良菌で、100℃以上の環境でも死滅せず、繁殖力が高いことも関係していそうです。この枯草菌の強さを利用した製法がわらつと納豆。煮沸消毒して限りなく枯草菌だけになったわらに煮大豆を包んで作るレシピです。

　ちなみに小粒納豆が普及したのは、明治維新以降。水戸鉄道の開通時、水戸駅でわらつと納豆をお土産として販売したところ、茨城

5

6

7

8

9

産の大豆が小粒でごはんに合うと好評になりました。

　納豆のネバネバの正体は、大豆のタンパク質を分解する過程で生まれる鎖のように連なった旨み成分。かの魯山人が４２４回混ぜよと言った通り、混ぜるほどに鎖がちぎれて分離し、うまみを感じやすくなるのです。

　漬物や味噌のように、全国各地には変わり種も。例えば、米麹を加えた山形県の雪割納豆や、米麹を混ぜた上に乳酸発酵させた青森県十和田のごど。また、「日本固有のもの」と思われがちですが、アジアやアフリカにも豆と枯草菌でつくる特有の納豆があります。

納豆づくりに挑戦！

自宅で納豆が作れちゃう!?
発酵デパートメントでも大人気の納豆
「宮城野納豆」の納豆づくりキットを使い
マイ納豆をつくってみましょう。

用意するもの　納豆容器4個分

- 納豆製造体験セット（大豆200g、納豆菌、納豆容器）
- 水　● ボウル　● つまようじ
- 使い捨てカイロ 2個
- ふきん　● 保温バッグ

1 準備

大豆を洗い、12時間以上たっぷりの水につけておく。水を吸って3倍くらいの大きさに膨らんだ大豆を、鍋で5時間以上煮ます（圧力鍋なら30分程度）。指先で押して大豆がつぶれるくらいが目安です。煮汁を10mℓ取っておきます。

納豆製造体験セット

宮城野納豆製造所

宮城県の老舗納豆菌メーカーによる、納豆づくりキットはお子さんの自由研究にもぴったり。納豆菌のみの販売もしているので、枝豆などの好みの豆で納豆をつくってみるのも楽しいかも。

❷ 大豆に納豆菌を混ぜる

湯を切った大豆をボウルに入れます。納豆菌をよく振ってから、冷ました大豆の煮汁10㎖と合わせ、大豆が熱いうちに回しかけよく混ぜます。

❸ 納豆容器に入れる

2を納豆容器に等分して入れます。保存容器などで作る場合は、ふたの代わりにラップをかぶせ、納豆菌が呼吸できるようにつまようじで多めに穴を開けておきます。

❹ 発酵させて出来上がり!

3をふきんで包み、使い捨てカイロで上下を挟みます。保温バッグに入れ、15〜20時間おいたら、納豆容器を冷蔵庫に入れて一晩おくと味が落ち着いて食べごろに。

十和田のハードコア納豆『ごど』

納豆好きなら発酵デパートメントでも人気の、青森県南部地方のごどにもチャレンジを。納豆に麹を混ぜてさらに乳酸発酵させた、納豆×麹×乳酸発酵という、ラーメンのトッピング全部盛り状態の複合発酵納豆です。もとは家庭で手作りする際に発酵がうまくいかなかった納豆もどきを、なんとかして食べようとした「もったいない精神」から生まれてきたのだとか。山形県はじめ東北の他地域には他にも麹と納豆を混ぜたレシピがあるのですが、このごどは塩分量が少ないゆえに、複雑系発酵が起こり、全く別種の食べ物になってしまうのですね。

ごどづくりに挑戦！

ふつうの納豆じゃもう刺激が足りない！
大豆を極限まで発酵させたい！という方、
けっこう多いのでは!?
それなら「ごど」がおすすめです。

用意するもの 作りやすい分量

- 納豆 180g
- 塩 5〜8g（全体量の2〜3％）
- 麹 40g
- 保存容器
- 大豆の煮汁 20〜30ml

1 材料を混ぜる

麹を手のひらで擦り合わせ、ほぐします。納豆に麹と塩、大豆の煮汁（お湯でもOK）を加え、よく混ぜます。

2 保存容器に移して1週間

1を保存容器に入れ、室温で1週間ほど発酵させます。納豆に酸味とコクが出てきたら完成です。豆の粒、麹の粒がドロッと溶けてきたら、冷蔵庫に移して保存します。

POINT

加える煮汁の量が少ないとホクホクとしたおかず寄りに。煮汁が多いとドロッとした調味料寄りになります。味の目安としては、納豆に麹の甘味が加わり、さらにややえげつない酸味と香りが加味された頃に「ごどタイム」がやってきます。そのまま浅漬けで食べるなり、さらに数日、乳酸発酵を進めてえげつない味を楽しむなり、お好みで。ごはんにかけたり、ドレッシングとして使ったりもできますよ！

DIY

麹《こうじ》

麹とは「穀物にコウジカビが生えたもの」。米麹、麦麹、豆麹などがありますが、どれも元になるのは穀物。米や麦などにカビが繁殖してモコモコになっている状態のことを麹と呼びます。

味噌、しょうゆ、酢、みりん、日本酒、焼酎など、日本の発酵食品に欠かせないものですが、麹自体はポリっと食べてみても、全然美味しくありません。これまでに登場した味噌や漬物をイメージするとわかりやすいのですが、麹はあくまでも発酵のスターターの役割を果たすもの。それなら脇役？　と思いきや、実践すればわかるはず。麹がないと何もはじまらないことを。

こうじ菌は菌糸部分で
お米の栄養を食べながら
お米の表面に
胞子を
さかせている

胞子：植物でいう
種みたいなもの

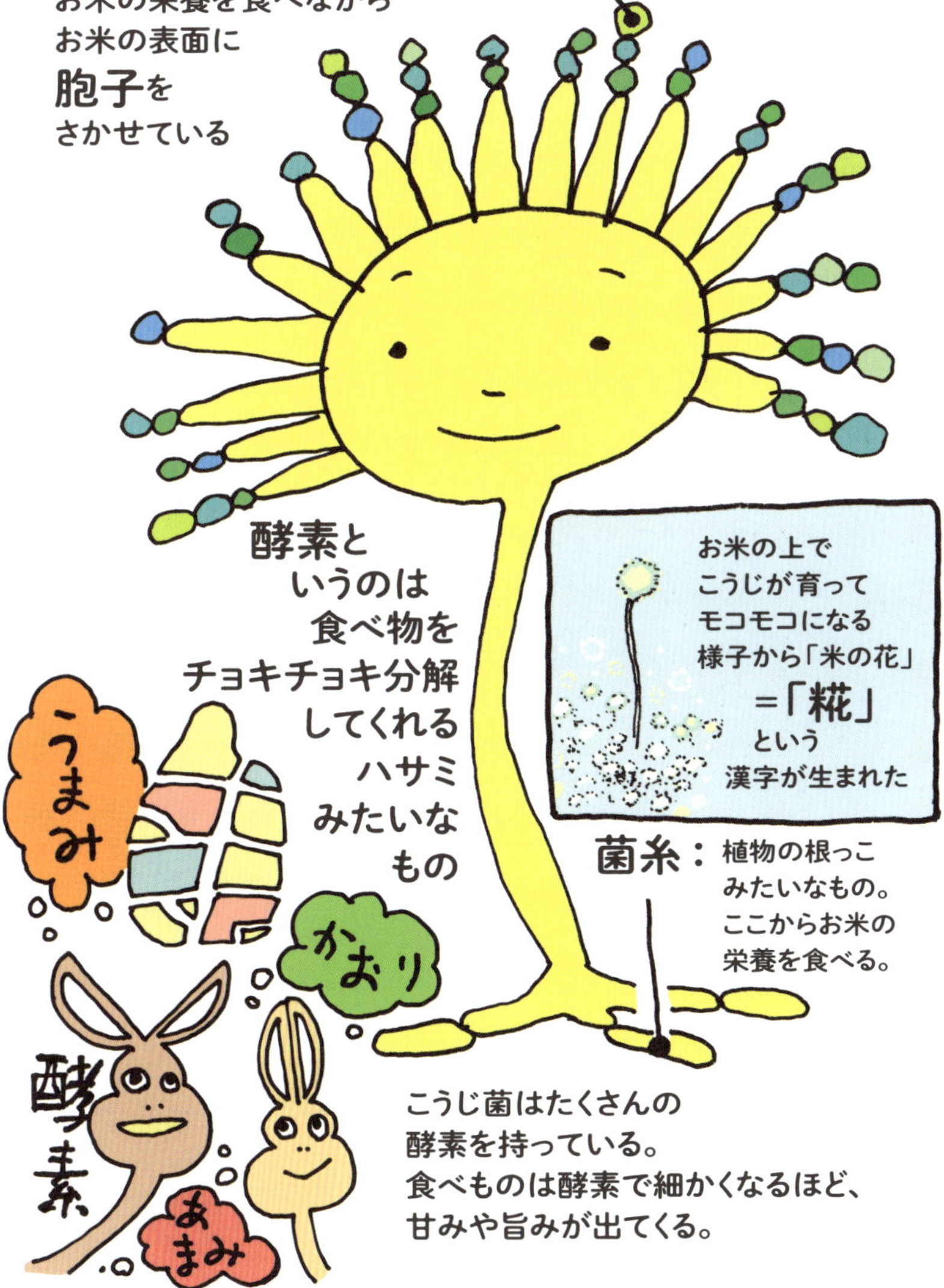

酵素
というのは
食べ物を
チョキチョキ分解
してくれる
ハサミ
みたいな
もの

お米の上で
こうじが育って
モコモコになる
様子から「米の花」
=**「糀」**
という
漢字が生まれた

菌糸：植物の根っこ
みたいなもの。
ここからお米の
栄養を食べる。

こうじ菌はたくさんの
酵素を持っている。
食べものは酵素で細かくなるほど、
甘みや旨みが出てくる。

2

1

4

3

1 高温多湿の密閉された空間で行われる麹づくり。生きている麹と日々対峙する麹職人。**2** アジアの国々に見られる、さまざまな発酵文化。こちらはインドの少数民族、メイテイ族の麹。**3** 会津若松のローカル漬物、三五八漬の麹室。**4** 東海地方独特のたまりじょうゆ。**5** たまりじょうゆ用の麹（三重）。**6** ヒマラヤの山岳地帯に暮らすリンブー族の麹。米麹を使い、どぶろくもつくっている（ネパール）。**7** 日本酒を生み出す源となる酒母。

麹を作るカビは「ニホンコウジカビ」あるいは「麹菌」と呼ばれ、国を代表する菌、国菌にも指定されています。カビといっても、特殊なカビで毒はまったくありません。日本人は古くからこの麹菌を使ってさまざまな発酵食品を生み出してきました。塩麹、甘酒の章で紹介したように、甘み、旨みを出す酵素をデザイン・コントロールしながら調味料や漬物を作ってきました。さらには応用して麹の甘酒と酵母菌でアルコールを錬成！　発酵をリレーさせ日本酒や焼酎までつくってしまうのです。

　麹と日本人のお付き合いは古く、平安時代の文献にはカビがモコモ

7

5

6

コ生えた状態を表す「よねのもやし」という言葉が登場。平安〜室町時代には、朝廷や幕府から公認された専門家が酒造りのための種麹（※）を製造していました。

発酵デパートメントでもおなじみのビオックは室町時代に創業した「糀屋三左衛門」にルーツをもつ種麹メーカー。全国の醸造メーカーの約7割に種麹を提供しながら、発酵マニア垂涎のさまざまな種麹を一般向けに販売しています。

麹をつくってみると、温度と酵素の働きと味わいの違いがわかり、ほかの発酵食品の解像度もぐんとアップします。いろんな麹菌、穀物でレッツトライ！

※種麹……麹をつくるための麹菌。麹菌の胞子を集めたもの

麹を仕込もう！

ここまでの集大成である麹をつくることで、発酵食品への理解をさらに深めましょう。「夏は低め、冬は高め」に、適切な温度管理が失敗しないコツ。

用意するもの　作りやすい分量

- 種麹（麦麹用）
- 米　600g
- 蒸し器（鍋でも代用可）
- 発泡スチロール箱
- 温度計
- ふきん
- 空のペットボトル

1 準備

米をたっぷりの水に浸し一晩（7時間以上）おく。蒸す1〜2時間前にざるにあげ、水分を切っておく。

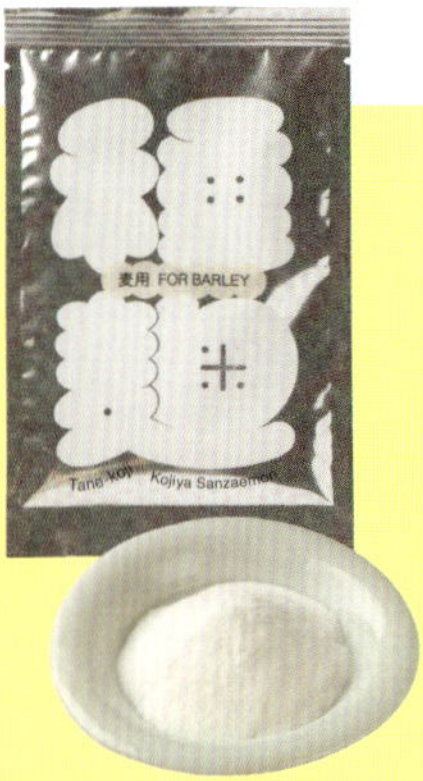

種麹　麦用

糀屋三左衛門

麹づくりの元となる種麹。麦用と書かれていますがビギナーの少量の米麹づくりに最適！　胞子は白色で、麹の色が白く鮮やかに仕上がります。ほかに米用、黒麹菌など全部で6種類ある。

② お米を蒸す

蒸し器（おすすめは24〜28㎝のもの）にふきんを広げ、ムラなく均一に米を詰めます。鍋にたっぷりの湯を沸かし、強火で約50分蒸します。米粒を指でつまんで、かためのグミぐらいのやわらかさになったらOKです。金属性の蒸し器より蒸し上がりが均一になるせいろを使うのがおすすめ。

③ 仕込み（バラし、菌つけ）

ふきんに蒸した米を広げ、米粒を手でよくばらします。米の温度が40℃くらいになったら、種麹を2〜2.5gふって全体になじませます。ばらした米をピラミッド状に高く盛り、てっぺんでふきんを縛ったら、温度計のセンサーをさして発泡スチロールの保温箱に入れます。

④ 48時間保温する

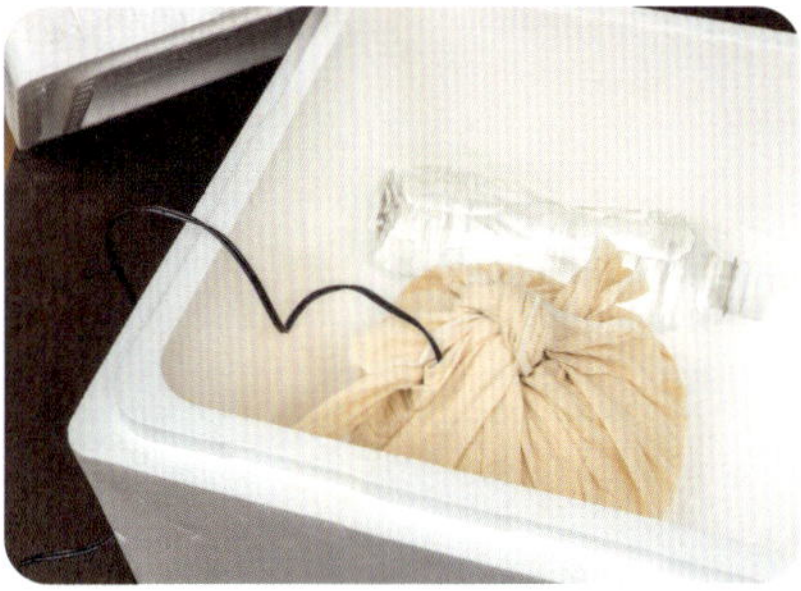

保温箱に 60〜70°Cのお湯を入れたペットボトルも入れて保温します。1日目は30〜35°C、2日目は40°C前後でキープ。24 時間過ぎたあたりで切り返し（ふきんをほどいて麹をバラす）をします。4〜5時間に一度、ペットボトルの湯を替えて温度を保ちましょう。全体に菌がついていれば完成！

※さらに詳しく知りたい人はYoutubeで「おうちでかんたん！ 麹手づくりレシピ」を検索してみましょう！

PART 2

発酵おかず

調味料を活かして
カンタン自炊上手!

YUKA
YAMAGUCHI

かんたんハヤシライス

recipe by 山口祐加

玉ねぎの旨みとスパイスの香りがぎゅっとつまった上品な仕上がりに。
15分で作れて、おもてなし料理にも最適です！

材料　1人分

牛こま切れ肉 … 100g
玉ねぎ … ¼個
パセリ … 適量
らっきょうのたまり漬 … 適量
水 … 200㎖
バター… 5g
トリイ桶底ソース（中濃ソース）
… 大さじ3
顆粒コンソメ … ひとつまみ
しょうゆ … 小さじ1
黒こしょう … 適量
ごはん … 1杯分

作り方

1 玉ねぎは5㎜幅に切り、牛こま切れ肉は塩少々（分量外）をもみ込んで下味をつけ、小麦粉（分量外）を叩いておく。

2 フライパンにバターと玉ねぎを入れ、中火で約3分炒める。焼き色がついたら玉ねぎを端に寄せ、空いたスペースに牛肉を広げてひっくり返しながら表面に焼き色がつくまで2〜3分焼く。

3 **2**に水、中濃ソース、顆粒コンソメを入れ、沸騰したら弱火にして約10分煮る。

4 最後にしょうゆを入れて混ぜ合わせ、皿に盛ったごはんにかける。刻んだパセリを散らし、黒こしょうをふる。らっきょうを添える。

ヒラクさんのおすすめ！

コロナ禍でスタートした発酵デパートメントの初期の記念碑的レシピ。一般的なハヤシライスはトマトや赤ワインを使うけど、それらを省いて超手抜きしていても味の担保がされている。なぜなら「トリイソース」のコクがすごいから！

このレシピで使用した発酵調味料はコレ！

トリイ 桶底ソース
鳥居食品株式会社（静岡県）

らっきょうのたまり漬
株式会社上澤梅太郎商店（栃木県）

桶底ソースは静岡のトリイソースによる絶品中濃ソース。主に原料の野菜など国産にこだわった木桶熟成のソースです。らっきょうは発酵デパートメントと「上澤梅太郎商店」が共同開発したオリジナル商品。熟成方法や味付けに、発酵の知恵が詰まっています。驚きのおいしさで、一粒の大きさにも感動。

ソースの力だけで感動のおいしさ

はまぐりの酒蒸し

recipe by 山口祐加

旨みの強い料理酒を存分に味わう料理といえば、酒蒸し。
酒蒸しの汁が残ったらスープやみそ汁にして。あさりで作っても◎

材料 2人分

はまぐり（砂抜き）… 450g
料理酒 旬味 … 100mℓ
薬味（三つ葉など）… 適量（あれば）

作り方

1 鍋にはまぐりと料理酒を入れ、ふたをして中火で4〜5分蒸す。

2 皿に盛り、刻んだ薬味をのせる。

ヒラクさんのおすすめ！

いい調味料を使えば、いろんなものを組み合わせる必要がない。アルコール感だけじゃなく、旨み、甘み、コク、これ1本で完結してる調味料。それを一番シンプルに表現してるのがこのレシピです。

このレシピで使用した発酵調味料はコレ！

料理酒 旬味

仁井田本家（福島県）

仁井田本家による自然米だけで仕込んだ純米100％の料理酒。醸造発酵により天然アミノ酸を増やし、素材のもち味を引き出してくれるだけでなく、和食全般はもちろん、ハンバーグや餃子のようなひき肉料理がふっくらとした仕上がりに。砂糖を使わず、おいしい甘みと照りが加わります。調味料にぴったりだけど、飲んでもイケる！

本当にうまい調味料を単品使いで！

三五八漬けで作る とりの唐揚げ

recipe by 山口祐加

1時間漬け込んだだけでやわらかくなり、風味豊かな仕上がりに。おろしポン酢で食べても◎

材料 1～2人分

とりもも肉 … 1枚（約300g）
三五八漬けのもと
　… 大さじ1と½
片栗粉 … 大さじ2
小麦粉 … 大さじ1
揚げ油 … 適量
レモン … 適量

作り方

1. とりもも肉は黄色い脂肪部分を取り除き一口大に切る。ボウルにとり肉と三五八漬けのもとを入れて混ぜ合わせ、冷蔵庫で約1時間漬け込む（漬け込む時間が長くなる場合は三五八漬けのもとの量を大さじ1に減らす）。
2. **1**のとり肉をキッチンペーパーなどで拭き、片栗粉→小麦粉の順に衣をつける。
3. フライパンに油を入れ160～170℃まで温めたら（菜箸を入れて、やや大きめの泡が上がってくる状態）、**2**を入れ3～4分揚げてから強火にして高温で1～2分揚げる。
4. 油を切って皿に盛り、くし切りにしたレモンを添える。

ヒラクさんのおすすめ！

麹に漬けることで安い肉でも一気に高級な肉になってしまう。食材の質感を変えるという発酵でしか出せない面白さ。発酵マジックがすごく体感できる一品です。お弁当にも合うし、冷めても美味しい、最高ですよね。

このレシピで使用した発酵調味料はコレ！

一夜漬けの素　さごはち
石橋糀屋（福島県）

福島県会津若松の糀をたっぷり使った三五八漬けのもと。塩3、米5、糀8の割合で混ぜた「糀漬け」の代表格ともいえる品。ぬか漬けよりも楽ちんで、塩糀よりもリッチな風味が味わえます。肉や魚、野菜を漬けて一晩寝かせば絶品に。

発酵マジックで高級肉に変身!?

なすの揚げびたし

recipe by 山口祐加

揚げびたしは作って冷やしておけば暑い日にもぴったり。
薬味はしょうが以外にも、大根おろしやねぎ、かつお節などをお好みで。

材料　1人分

なす … 2個
しょうが（すりおろし）… 少々
油 … 大さじ5
三河精進白だし … 大さじ2
水 … 大さじ3

作り方

1. なすは縦半分に切り、皮目に2㎜幅の切り込みを斜めに入れる。切り込みの方向と対角線上に一口大に切る。
2. フライパンに油をひき、なすの断面を下にして入れ、中火で約3分揚げ焼きする（1分に一度、様子を見る程度にして触りすぎない）。なすを裏返して2分焼いて取り出したら、キッチンペーパーなどの上に置いて余分な油を取る。
3. 深さのある器に白だし、水を入れて混ぜ合わせ、**2**を入れ、しょうがをのせる。

※冷蔵庫で3日ほど保存可能。

ヒラクさんのおすすめ！

なすを油で揚げたものって美味しくてリッチだけど、やっぱりちょっと油がたっちゃう。でも白だしと合わせることで中和されてすごく食べやすくなるんです。しかも10分もかからずにつくれてしまうシンプルさ。

このレシピで使用した発酵調味料はコレ！

三河精進白だし
日東醸造株式会社（愛知県）

料理の下味に使ったり、つゆにも使える便利な愛知県三河の白だし。5種の国産植物性旨みブツを調合した精進料理使用です。動物性原料不使用で、すべて国産。枕崎産の本鰹、北海道産の真昆布、愛知県産の干ししいたけに自社製の「足助仕込三河しろたまり」と「三州三河みりん」で作られ、お湯で割るだけで滋味深い！

最短調理でいますぐハッピー!

八丁味噌麻婆豆腐 recipe by 山口祐加

八丁味噌のコクとほろ苦さが、肉や唐辛子の香りと相性抜群！
とっても美味しいレシピができました。

材料 2人分

豚ひき肉 … 100g
木綿豆腐 … 1丁（300g）
長ねぎ（みじん切り）… ¼本分
にんにく（みじん切り）
　… 1片分
しょうが（みじん切り）
　… 1かけ分
ごま油 … 小さじ1
八丁味噌 … 大さじ1
料理酒 … 大さじ1
かんずり … 小さじ1
水溶き片栗粉 … 小さじ4
塩 … ひとつまみ
水 … 150㎖

作り方

1 豆腐はキッチンペーパーに包んで耐熱皿にのせ、電子レンジで約1分半加熱する。粗熱が取れたら2㎝の角切りにする。

2 フライパンにごま油、長ねぎ、しょうが、にんにくを入れ、中火で香りが立つまで2〜3分炒める。豚ひき肉を入れ、中火で約2分炒める。

3 一度火を消して、八丁味噌、料理酒、かんずり、水を入れてよく混ぜる。みそが溶けたら豆腐を入れて弱火で約5分煮る。水溶き片栗粉を少しずつ入れてとろみをつけたら、塩で味をととのえる。

ヒラクさんのおすすめ！

八丁味噌が中華料理に合うんですよ。さらに、かんずりが豆板醤みたいな役割を果たしてくれるという。豚ひき肉じゃなくて、ラムひき肉で作るのもお試しあれ。サウナの後とかぴったりですぞ。

このレシピで使用した発酵調味料はコレ！

有機 八丁味噌
合資会社八丁味噌（カクキュー）
（愛知県）

かんずり
有限会社かんずり（新潟県）

濃厚な旨みと少々の酸味・渋味のあるコクが特徴的な、愛知県岡崎市八丁町でつくられている味噌。大豆と塩のみを原料に、二夏二冬（2年以上）天然醸造で長期熟成させています。かんずりは唐辛子に、糀、ゆず、食塩を加えたうま辛発酵調味料。料理に辛味と旨みをプラス。みそ汁の味変や納豆に加えても！

＼ 八丁味噌×かんずりで本格中華 ／

材料　2人分

とりもも肉 … 1枚（約250g）
玉ねぎ … ¼個
アスパラガス … 3〜4本
マッシュルーム … 4〜5個
酒粕 … 30〜40g
油 … 小さじ1
小麦粉 … 大さじ1と½
豆乳 … 150㎖
塩 … 小さじ1

作り方

1. とりもも肉は食べやすいサイズに切る。玉ねぎとマッシュルームは5㎜幅、アスパラガスは根本の皮が硬い部分をピーラーでむいて4㎝の長さに切る。
2. フライパンに油ととり肉を入れ、中火で約3分焼く。とり肉に半分火が通ったら、玉ねぎとマッシュルームを入れて、玉ねぎがしんなりするまで2〜3分炒める。
3. 酒粕は耐熱容器に入れ、水大さじ1（分量外）を加えて電子レンジで約30秒加熱し、やわらかいペースト状になるまで混ぜ合わせる。
4. フライパンの火を弱め、小麦粉をふり入れて全体に絡むまで混ぜ合わせる。豆乳を3〜4回に分けて入れ、その度にゆっくりと混ぜながらゆるいホワイトソースにしていく。酒粕、塩、アスパラガスの順に加えさっと混ぜ合わせる。
5. 耐熱容器に入れ、220℃に予熱したオーブンで約10分焼き目がつくまで加熱する。

ヒラクさんのおすすめ！

酒粕って、買ってはみたものの、粕汁以外の料理にどう使ったらいいんだろうっていう人が入門するのに一番オススメのレシピ。酒粕をチーズの代わりにしちゃうっていうのは、超ウルトラ鉄板の間違いない使い方です。

このレシピで使用した発酵調味料はコレ！

酒粕
冨田酒造有限会社（滋賀県）

室町時代創業、銘酒「七本鎗」を手がける冨田酒造の酒粕。健康食品、美容、万能調味料としてさまざまな用途で楽しめる酒造の副産物は、コレステロール改善作用、糖尿病予防、抗酸化作用に抗菌作用、そして美肌効果など、昨今多くの機能性が確認されています。いい日本酒をつくる蔵は酒粕もうまいのです。

酒粕グラタン

recipe by 山口祐加

みんな大好きなホワイトソースのグラタン。酒粕の香りを活かすため、バターやチーズなどの乳製品は使わずに、豆乳だけで仕上げます。

酒粕初心者におすすめ♪

一休寺納豆スペアリブ

recipe by 山口祐加

**シンプルな材料でも、一休寺納豆のおかげで本格的な味わいに。
残った汁はチャーハンのたれにするとGOOD!**

材料 1人分

豚スペアリブ … 200g
長ねぎ … 10㎝
しょうが（みじん切り）
　… 1かけ分
にんにく（みじん切り）
　… 1片分
一休寺納豆 … 8g（約12粒）
ごま油 … 小さじ1
しょうゆ … 大さじ½
みりん … 大さじ1
水 … 大さじ4
酒 … 大さじ2

作り方

1 フライパンにごま油、しょうが、にんにく、豚スペアリブを入れて中火で約3分焼き、表面に焼き目をつける。

2 粗みじん切りにした一休寺納豆、しょうゆ、みりん、水、酒を加え、弱火で7〜8分煮込む。刻んだ長ねぎを加える。

ヒラクさんのおすすめ!

「良いレシピとは、インプットの量に対してアウトプットの飛距離がでかいものである」。レシピをつくった山口さんの名言。その例がこのスペアリブで、フライパンひとつでできる飛距離がでかい、夢のようなレシピ。

このレシピで使用した発酵調味料はコレ!

一休寺納豆
酬恩庵 一休寺（京都府）

納豆と名は付けど、独特のコクある旨みの凝縮した大豆チーズ。製造方法は中国の発酵調味料「豆鼓」とほぼ一緒です。酬恩庵（一休寺）の住職が代々、寺の境内で自家醸造してきた、500年以上の歴史を持つ由緒正しく謎に包まれた発酵ブツは、ごはんにのせてもいいけれど、エスニック料理やお菓子作りの隠し味にもぜひ。

＼ワンパンで、初心者でも絶品スペアリブ／

ゴーヤと玉ねぎのしょっつるドレッシングサラダ

recipe by 山口祐加

秋田のハタハタを使ったしょっつると苦みのあるゴーヤを合わせました。
カリカリじゃこがアクセントの夏にぴったりなサラダです。

材料 1人分

ゴーヤ … ¼本
玉ねぎ … ¼個
ちりめんじゃこ … 大さじ1
しょっつる … 小さじ1
ごま油 … 大さじ1
酢 … 小さじ1

作り方

1 ゴーヤと玉ねぎはスライスして一緒に5分ほど水にさらしてからよく水けを切る。表面の水けはキッチンペーパーで拭き取る。

2 ごま油とちりめんじゃこを深さのある耐熱容器に入れ、軽く混ぜ合わせてから電子レンジで約1分半ほど加熱し、カリカリにする。すべての材料をボウルに入れてあえる。

ヒラクさんのおすすめ！

しょっつるのクセのある旨みとゴーヤの苦みを合わせると、食べにくさが対消滅するっていう（笑）。山口さんといろいろ試作しているうちに、クセがなくなってきて、これいいね！　となった一品です。

このレシピで使用した発酵調味料はコレ！

鍋通亭しょっつる
ひより会（秋田県）

秋田県の県魚でもあるハタハタでつくられる魚醤は秋田県民の基本調味料ともいえる一品。漁師の“かあちゃん”たちが、郷土の食文化や味を伝えたいという思いから「ひより会」を結成し、伝統を繋いでいます。名前は塩汁（しおじる）がなまったものだとか。日本三大魚醤のひとつともいわれています。

クセ×クセで驚く食べやすさ

ラム肉しょうが焼き

recipe by 山口祐加

たまりじょうゆの香ばしさでラム肉のクセが消え、美味しいしょうが焼きに。
ごはんがどんどん進む味、ビールとの相性も抜群です！

材料　2人分

ラム切り落とし肉 … 150g
玉ねぎ … ¼個
しょうが（すりおろし）
　… 1かけ分
小麦粉 … 小さじ1
酒 … 大さじ1
底引きたまり（しょうゆ）
　… 大さじ1
みりん … 大さじ1

作り方

1. ラム肉をボウルに入れ、しょうがと酒をもみ込んで10分おく。玉ねぎは5mm幅に切る。
2. ラム肉に小麦粉をまぶし全体になじませたら、フライパンで焼き目がつくまで約2分焼き、玉ねぎを加えてさらに約1分焼く。
3. 底引きたまりとみりんを加え、好みの加減になるまでたれを煮詰める。

ヒラクさんのおすすめ！

たまりじょうゆって液状豆豉というか、豆だけで作るしょうゆだからストレートに旨みがドーンって出る。普通のしょうゆで作った甘くてやさしいしょうが焼きと違って、結構押し出しの強い味わいになってラムとよく合います。

このレシピで使用した発酵調味料はコレ！

底引きたまり
東海醸造株式会社（三重県）

三重県鈴鹿市にある東海醸造のたまりじょうゆ。木桶の底から滴り落ちる、圧搾や加熱をしない自然なたまりで、伝統製法でつくられる味噌とその副産物から生まれます。見た目の色濃さとトロみにビビらず使うのが、吉。たまりは普通の濃口しょうゆと比べると濃厚でシャープな旨みが特徴。愛知や三重など東海地方独自のしょうゆです。

＼ラム×たまりじょうゆでビールが進む／

サムギョプサル風
かんずり焼肉

recipe by 山口祐加

かんずりとはちみつを合わせたピリリと甘辛なねぎだれが食欲をそそります。倍量作ってどんぶりに、たれは豆腐にかけて食べても美味しいです。

材料　1人分

豚バラ薄切り肉（焼肉用）
…150g
サラダ菜…適量
にんにく…1片
青ねぎ…2本

A
しょうゆ…小さじ1
はちみつ…小さじ1
ごま油…小さじ½
かんずり…小さじ1

作り方

1. 青ねぎをななめ薄切りにしてボウルに入れる。**A**を加え、混ぜ合わせてねぎだれを作る。にんにくは薄くスライスする。
2. フライパンを中火で熱し、豚肉を入れて両面を約1分ずつ焼く。豚肉を取り出し、火を止めて、残った油でにんにくにゆっくりと火を通す。焼き目がついたら取り出して油を切る。
3. 豚肉、ねぎだれ、にんにくをサラダ菜で包んでいただく。

ヒラクさんのおすすめ！

ものすごく食欲がわくレシピ。家でもよく作るんですけど、個人的にはしょうゆも省いちゃうときがあって、かんずり×ごま油×はちみつでもめちゃくちゃ美味しい。かんずりを常備しておくと、料理の幅が広がります。

このレシピで使用した発酵調味料はコレ！

かんずり
有限会社かんずり（新潟県）

豪雪地帯で知られる新潟県妙高市に伝わる伝統の発酵調味料。1年のうち一番寒い日に仕込まれることから「寒造里」とも書くそう。塩漬けにした唐辛子を雪の上にさらす「寒さらし」は真っ赤な唐辛子がきれいに並ぶ様子も美しい。すり潰した唐辛子に麹とゆず、塩を混ぜてつくります。

かんずりで和風コチュジャン!

COLUMN 1

山口祐加

自分の料理に下駄を履かせてくれる、発酵食品って素晴らしい！

2020年、コロナ禍で高まった自炊ブームを受けて発酵デパートメントが始めた、発酵調味料と活用レシピを毎月セットでお届けする「発酵サブスク」が話題に。レシピを作った自炊料理家、山口さんに発酵調味料の魅力を聞きました。

――レシピ開発はどういったテーマで始まったのですか？

レシピを考えるときは、材料も調味料もできるだけ少なくと心がけているので、個性の強さを活かすことを考えました。発酵食品って得意な人苦手な人が分かれるなと思っていて、私も実は苦手なタイプだったんですよ。発酵独特の香りや風味は結構強いので、苦手な私でも美味しいなと思って食べられる、発酵初心者レシピを念頭において開発しました。

私は普段から料理ビギナーに向けて教えることが多いのですが、そういう方たちは発酵調味料そのものの味を知らない方のほうが圧倒的大多数だと思うんですね。発酵食品って体にいいし、日本のいろんな伝統文化と紐づいている。だから食べていきたいという気持ちはあるけど、現代の食文化とのブリッジがあまりないんじゃないかなと。だからこれなら食べてみたいと思える、興味がわくものを考えたという感じです。

――ヒラクさんとの会話の中で、〝料理の腕を勘違いするレシピ〟をつくろう、というお話も。

上質な発酵調味料の良さって、作った料理に下駄を履かせてくれるところだと思うんです。普通の調味料より数百円高くても、自分の腕以上のものを発揮してくれるなら使わない手はない。お店の味を目指してるわけじゃないけど、料理がグレードアップするんです。ハヤシライスも信じられないくらい美味しい。トリイソースの

手際よく料理がどんどん完成、これならつくれそう

やまぐち・ゆか　自炊料理家。執筆業、動画配信などを通し、自炊する人を増やすために幅広く活躍中。

力であって、それに依存してる料理ではあるんですけど（笑）。私は普段ソースってまったく料理に使わないし、むしろ使いきれなくて困るけど、トリイソースはちょっと舐めるだけでもうまい。味が足りないから入れるものではなく、これを出したいから何かをつくる、というような主従が逆になるすごいソースなんですよ！

　料理家は常々、どこまで旨みを引き出すかを試されてるなと思っていて。今の世の中、旨みインフレ状態なので、麻婆豆腐に鶏ガラスープを入れたらもっとわかりやすく美味しくなると思いますけど私は本来の発酵調味料が持っている力を信じたいと思っています。芳醇な香りや苦み、発酵の中で出てくる複雑性みたいなものが、料理に満足感をもたらしていると思うんです。

——発酵の力を感じた出来事はありますか？

　昨年、韓国に1ヶ月弱滞在し、ほぼ毎日キムチを食べてたんです。元々はキムチの味がそれほど好きじゃなかったんだけれど、韓国のキムチってちゃんと酸味があって美味しい。参加したキムチのワークショップでは、梨の千切りを入れていてそれが発酵によって溶けて、梨ジュースが入ってるみたいな感じになり、すごく美味しかったです。どこに行ってもキムチが出てくるので、大した量は食べてなかったんですけど、なんだか非常に便通が良くなって。いや、発酵すごいな！って思いましたね（笑）。

PART

3

発酵スープ

発酵×食材で
スープの魔術師に!

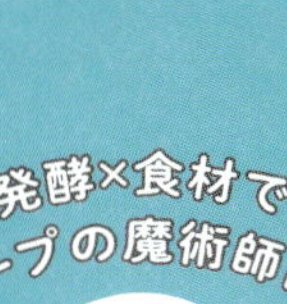

KAORU
ARIGA

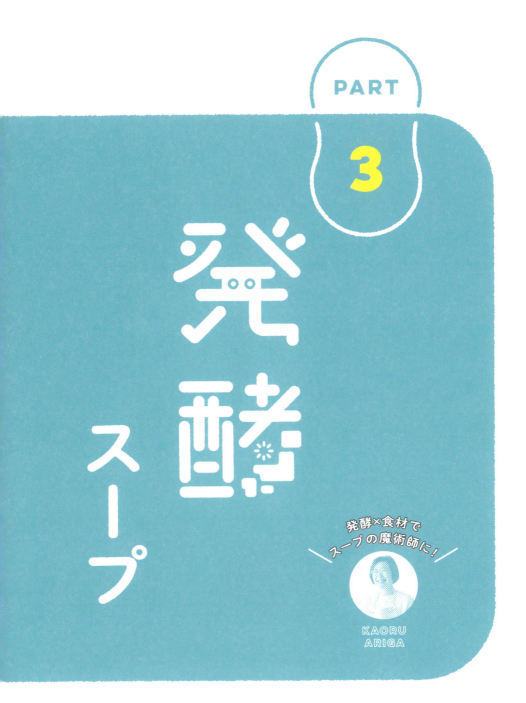

なすとみょうがのみそ汁

recipe by 有賀薫

基本のみそ汁は、みそとだしの組み合わせを楽しみましょう。
なす１個ですっきりみそ汁、２個なら具だくさんみそ汁にお好みでアレンジを。

材料　2人分

なす … 1〜2個
みょうが … 1個
やまくにのいりこ
　… 5〜6尾
やまごみそ … 大さじ2
水 … 2カップ

作り方

1. いりこの頭と腹を取って割き、鍋に水と一緒に入れて中弱火にかける。
2. なすのへたを取り輪切りにする。
3. 鍋が沸騰したらなすを加え、煮えたらみそを溶き入れる。
4. 刻んだみょうがをのせる。

※時間がある時はいりこを30分以上水につけておくとよい。

ヒラクさんのおすすめ！

山梨のお味噌の特徴なんですが、苦いとか辛いみたいな印象がなくて、すっと入っていくようなバランスの良い味わい。そこに調理がスーパー簡単ないりこ。飲みやすいお味噌汁を簡単につくりたい人に最適です。

このレシピで使用した発酵調味料はコレ！

やまごみそ
五味醤油（山梨県）

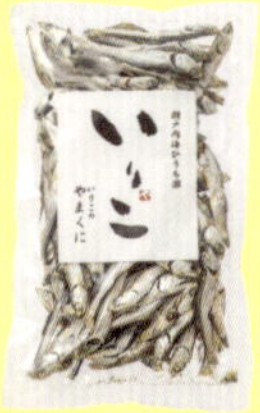

やまくにのいりこ
やまくに（香川県）

麦みその甘み旨みと、米みその酸味やコクが合体した甲州みそ。昔ながらの作りで、木桶毎、仕込み毎、発酵期間や天候によって少しずつ変化する風味がおもしろい。香川の心やさしいいりこ一家が、瀬戸内海産の選りすぐった上質ないりこを昔ながらの手作業で選別。苦みやえぐみもなくそのまま食べても◎。

味噌、だし、具材、基本のみそ汁!

ミネストローネ recipe by 有賀薫

いろいろな野菜の甘みと旨みを閉じ込めた、トマトを使わないミネストローネ。
塩だけのシンプルなスープに、上質なお酢を加えると味が引き締まります。

材料 3～4人分

ベーコン … 3枚（40g）
玉ねぎ … ½個
にんにく … 1個
エリンギ … 1本
なす … 1個
パプリカ … ¼個
いんげん … 5本
キャベツ … ⅛個（150g）
じゃがいも … 1個
塩 … 小さじ1と⅓
三ツ判 山吹（酢）… 小さじ1
オリーブオイル … 大さじ3
水 … 適量
（2カップ～2と½カップ）

作り方

1. ベーコンとすべての野菜を1cm角に刻む。にんにくはつぶす。
2. 玉ねぎ、にんにく、オリーブオイルを鍋に入れ、中弱火ぐらいでじっくり炒める。香りが立ってきたら、エリンギ、なす、いんげん、キャベツ、パプリカ、じゃがいも、ベーコンの順に加え、その都度塩をひとつまみずつ入れてしっかりと炒める。
3. 水をひたひたまで加えて15分ほど煮込む。途中で水が減ったら足す。じゃがいもがやわらかくなったら水をもう少し足して温め、酢を加える。塩と白こしょう（分量外）で味をととのえる。

ヒラクさんのおすすめ！

洋風レシピには、この酒粕ベースのお酢がよく合います。野菜の重ね煮に甘みと旨みが強いお酢の組み合わせで、より奥深い印象になる。シチューとかに隠し味で入れたりしても美味。みんな、酢の物以外にもお酢を使おうぜ。

このレシピで使用した発酵調味料はコレ！

純酒粕酢
三ツ判山吹
ミツカン（愛知県）

じっくりと熟成した酒粕からつくった純酒粕酢。まろやかで旨み豊富。いろんなお料理に使えます。江戸時代に江戸前寿司ブームを巻き起こすきっかけとなったこの酢は、飴色の深い色あいからから赤酢とも呼ばれ、現代では主に首都圏で老舗のお寿司屋さんで使われています。

酒粕のお酢が意外にも洋食とマッチ

新玉ねぎと絹さや、お揚げの白味噌汁

recipe by 有賀薫

麹の甘みがたっぷりの白味噌には、昆布のだしがよくマッチ。
ポタージュのようなとろみ食感で、パンに合わせても◎

材料 2人分

新玉ねぎ … ½個
絹さや … 6枚
油揚げ … ⅓枚
昆布 … 10cm（3g）
片山商店
　本造り　京・丹波白みそ
　… 大さじ4
水 … 2と½カップ

※昆布は切れているものでもOK。
　水につけておくとなおよし。

作り方

1 鍋に昆布と水を入れ、弱火にかける。ぷつぷつと昆布に泡がついて、沸騰しかけたら昆布を引き上げる。

2 新玉ねぎは薄めの串切りにして、1に加えて煮る。絹さやは筋を取り、油揚げは1cm幅に切る。

3 玉ねぎが煮えたら絹さやと白味噌を加え、絹さやに火が通ったら油揚げを加えてひと煮立ちさせる。

ヒラクさんのおすすめ！

こういうふうに白味噌を使うと美味しいよっていう、とてもいい例です。つくるときのポイントは、ものすごくいっぱい白味噌を入れる！　入れてる間にちょっと自分でもドン引きするぐらいの量を入れます（笑）。

このレシピで使用した発酵調味料はコレ！

本造り　京・丹波白みそ
有限会社 片山商店（京都府）

京都府亀岡市「片山商店」の京白味噌。米麹の割合が多く、塩分濃度が低いのが特徴です。やさしい甘みとやわらかな口当たりで上品な味わい。白和えや田楽などの甘みを活かした料理におすすめです。

白味噌に合わせるだしは昆布が好相性！

キムチとたら、野菜のスープ

recipe by 有賀薫

キムチの白菜とチンゲンサイの食感の違いが楽しめる食べるスープ。
魚の余分な臭みを取るひと手間が、魚スープを美味しくする最大のコツです。

材料 2人分

真たら … 2切れ
チンゲンサイ … ½株
えのき … ¼束（約50g）
キムチ … 80g
塩 … 小さじ⅓
ごま油 … 大さじ½
水 … 2と½カップ

作り方

1 たらに塩を薄くふり、10分ほどおいてからキッチンペーパーなどで水けをしっかり取って3等分に切る。チンゲンサイとえのきは食べやすい大きさに切る。

2 鍋に野菜を広げて入れ、上にたらを並べてごま油を回しかけ、水½カップを加えてふたをして火にかける。4〜5分たったら一度ふたをあけ、野菜が小さくなって、たらの色もかわっていたら、残りの水と塩を加えてひと煮立ちさせる。

3 キムチを加えて味を見てから、塩（分量外）で味をととのえる。好みで唐辛子（分量外）をのせる。

ヒラクさんのおすすめ！

日本だと漬物はごはんのおともってイメージがあるんだけど、アジア全体で見てみると、漬物ってのはだしとしても使う。それを一番身近に感じるのがキムチ。漬物で、だしも取れて、同時に具材にもなって楽チン！

このレシピで使用した発酵調味料はコレ！

精進キムチ

四代目醗酵職人（東京都）

醗酵食品を通じた健康的なライフスタイルを提案している四代目醗酵職人。正寛尼僧から伝えられた命を繋げてきたヤンニョムで仕込んだキムチは、蓮の葉から煮だしたお茶、しょうが、果実、醗酵粥、唐辛子を使用し、さっぱりとした味わいです。

漬物がだしになる、具にもなる

すんきと豚肉、きのこのスープ

recipe by 有賀薫

軽やかな酸味が特徴的な塩を使わない漬物・すんきをだし代わりに。
調味料を最低限にして、すんきの複雑な味わいを引き出します。

材料　2〜3人分

豚薄切り肉（肩ロースまたはバラ）… 100g
まいたけ … ½パック（または好みのきのこ）
すんき … 100g（½袋弱）
昆布 … 10cm（3g）
塩 … 小さじ⅔
白こしょう … 少々
水 … 2と½カップ

作り方

1. 鍋に昆布と水、手で割いたまいたけを入れて中弱火で煮る。沸騰前に昆布を取り出す。
2. 4〜5cm幅に切った豚薄切り肉を加えて3〜4分煮る。
3. 肉が煮えたら、塩とすんきを加える。味を見て塩、白こしょうでととのえる。

ヒラクさんのおすすめ！

すんきは塩を使わない珍しい漬物で、これをベースにしてスープを作ると旨みがでてシジミ汁みたいな美味しさになるんです。キムチスープに続いて、漬物がだし汁になるシリーズですね。

このレシピで使用した発酵調味料はコレ！

すんき
アルプス物産株式会社（長野県）

塩を使わずに赤カブの葉を乳酸菌発酵させた漬物で、日本の伝統的な発酵食品の中でも、植物性乳酸菌だけでつくられる珍しいローカルフードです。そのまま漬物として食べても美味しいですが、そばの具にしてもよく合います。

豚の脂が漬物の酸味でほどよくスッキリ

ひらひらズッキーニのお吸い物

recipe by 有賀薫

和のスープ、上品なお吸い物は、白だしを使えば超簡単にできてしまいます！
見た目も美しいリボン状のズッキーニがたっぷり入ったおしゃれな一品。

材料 2人分

ズッキーニ … 小1本
三河精進白だし … 50mℓ
水 … 2カップ
大葉 … 3枚（好みで）

作り方

1. ズッキーニのへたを取り、ピーラーで薄く切る。
2. 白だしに水を加えて煮立て、**1**を入れて3〜4分煮る。
3. 味を見て、濃いようなら水50mℓ（分量外）を加える。器に盛り、好みで刻んだ大葉をのせる。

ヒラクさんのおすすめ！

めちゃおしゃれで、つくってるときのテンションがスーパー上がりますよ！ 猛暑でお味噌汁だと少し濃すぎてつらいというときにこそつくってほしい。味も軽やかで、夏野菜に白だしが合う。

このレシピで使用した発酵調味料はコレ！

三河精進白だし
日東醸造株式会社（愛知県）

通常の白だしはかつおのだしですが、こちらは干ししいたけや切干大根、真昆布など精進料理に使われる食材からとったやさしい味が特徴の白だし。発酵デパートメントでもリピート率が高い人気の定番商品！

テンション上がるリボンのスープ

かんずりの辛味と
ゆず香る豚汁

recipe by 山口祐加

だしをとらなくてOK! 脂身の多い豚肉からだしが出てほろほろのねぎと相性◎ 失敗知らずの超簡単レシピ。料理ビギナーさんに試してほしい豚汁です。

材料 1人分

長ねぎ（白い部分）… ⅓本
豚バラ薄切り肉 … 50g
ごま油（またはサラダ油）
… 小さじ1
やまごみそ … 大さじ1
かんずり … 少々
水 … 1カップ

作り方

1. 長ねぎは斜め薄切りにし、豚肉は食べやすい大きさに切る。
2. 長ねぎとごま油を小鍋に入れ、4分ほど炒める。焦げつきそうであれば、少し水（分量外）を加える。
3. 豚肉と水を入れ、沸騰させる。火を止めてみそを溶く。
4. 器に盛り、かんずりをのせ、少しずつ溶かしながらいただく。

ヒラクさんのおすすめ!

かんずり由来のグルタミン酸と豚肉由来のイノシン酸が掛け合わさって、旨み爆発。ひとつひとつの旨みだけでめっちゃ美味しいのに、掛け算されて旨みフィーバー！ これ嫌いな人類、いないと思う。

このレシピで使用した
発酵調味料はコレ!

やまごみそ
五味醤油（山梨県）

かんずり
有限会社かんずり（新潟県）

発酵デパートメントではお馴染みの「五味醤油」がつくる甲州みそ。一度使うと常備したくなるうまさです。かんずりは豪雪地帯で知られる新潟県妙高市に伝わる伝統の発酵調味料。一年で一番寒い日に仕込まれることから「寒造里」とも書くそう。すり潰した唐辛子に米糀とゆず、塩を混ぜてつくります。

旨味フィーバーの豚汁、爆誕！

しいたけと手羽先のはるさめ入りスープ

recipe by **有賀薫**

仕込みさえ頑張れば、意外と手軽にできてしまうスープストック。コトコトじっくり煮込む過程も楽しんで。体がよろこぶ滋味深さ！

材料　2〜3人分

とり手羽先 … 8本（400g）
にんにく … 1片
うまみだけ（干ししいたけ）
… 2〜3枚（10〜12g）
羅臼昆布 … 15cm（7g）
はるさめ … 60g
チンゲンサイ … 小1株
塩 … 小さじ1と¼
しょうゆ … 少々
白こしょう … 少々
水 … 6カップ

作り方

1. 干ししいたけは水500mℓ（分量外）に3〜4時間つけ、軽く絞り、軸を除き半分に切る。戻し汁は取り置く。チンゲンサイは3cm幅に切る。
2. 鍋に手羽先を入れ、かぶるぐらいの水（分量外）を加え、沸騰するまで煮る。白いアクが出てきたら一度水を捨て、手羽先をさっと洗う。
3. 鍋に手羽先を戻し、**1**のしいたけ、昆布、にんにく、水としいたけの戻し汁1カップを加えて火にかける。煮立ったら昆布を取り出し、ふたをずらしてかけ、さらに弱火で40〜50分煮込む。
4. 塩、しょうゆ、白こしょうを入れ、はるさめとチンゲンサイを加えて約3分煮る。

このレシピで使用した発酵調味料はコレ!

うまみだけ
大分県椎茸振興協議会
（大分県）

羅臼昆布
羅臼漁業協同組合 海鮮工房
（北海道）

しいたけの名産地、大分県産の「うまみだけ」は原木育ちの乾しいたけで、その名の通り旨みたっぷり！　しっかりとした歯応えも楽しめる。昆布の中でも高級とされる知床半島産の幻の超高級昆布。一般にはあまり出回りませんが、発酵デパートメントでは、特別に羅臼漁業協同組合から仕入れています。

ヒラクさんのおすすめ!

人懐っこい羅臼昆布と、具としても使える干ししいたけでやさしいスープに。手順は難しくないけれど、煮込む時間は長い。そんなコトコト瞑想系スープ（笑）。徐々にこういう組み合わせも習得すると料理の幅が広がります。

旨み爆発コトコト系スープ

焼きサバときゅうりの冷や汁 recipe by 有賀薫

**暑い時期に沁みる冷たいみそ汁は、きちんと冷やすのがコツです。
時間がなければ氷を入れてもOK。市販の焼きサバでお手軽に！**

材料 2～3人分

きゅうり … 1本半～2本
木綿豆腐 … 200g
みょうが … 2個
大葉 … 3～4枚
焼きサバ … 1切れ
やまごみそ … 大さじ2と½
碁石茶 … 1個
白すりごま … 大さじ1
薬味（みょうが、大葉、白すりごま）
… 各適量
ごはん … 適量

作り方

1. 豆腐はしっかり水切りをする。きゅうりを薄切りにして薄く塩（分量外）をふり、10～15分おき、ぎゅっと絞って水けを切る。みょうがは縦半分に切ってからうす切りにする。大葉は千切りにする。
2. 碁石茶は熱湯200㎖（分量外）でお茶を作る。水（分量外）を100㎖ほど加えて粗熱をとる。
3. ボウルにみそを入れ、**2**を少しずつ加えて溶き、ほぐしたサバを加える。豆腐を手でくずして入れ、きゅうり、みょうが、大葉、白すりごまを加える。
4. 冷蔵庫で2時間以上冷やす。刻んだ薬味を添え、ごはんにかけて食べる。

ヒラクさんのおすすめ！

発酵茶をだしとしてつくるスープはめっちゃ美味いぞ！　と宣言します。アジアのお茶だし、乳酸発酵がさわやかで、夏の食欲がないときにもってこい。みなさんにやってみてほしいですね。

このレシピで使用した発酵調味料はコレ！

碁石茶
大豊町碁石茶協同組合（高知県）

高知県大豊町のカビ×乳酸菌ダブル発酵茶です。爽やかな酸味と旨みが同居し、かつプーアル茶のような熟成感まである衝撃の味。煮出して飲んでも、冷やしても、お茶漬けや茶鍋など料理に使っても美味しいですよ。

食欲なくてもするする入っちゃう

夏野菜の和風ガスパチョ recipe by 有賀薫

酢でアクセントを効かせた、野菜の美味しさをしみじみ感じられる冷製スープ。日本人の好みに合うよう、にんにくをしょうがに代えて。

材料 2人分

きゅうり … 1本
玉ねぎ … ⅙個
トマト … 1個
オクラ … 2本
しょうが（すりおろし）
　… 少々
塩 … 小さじ⅓
三ツ判山吹（酢）… 大さじ1
生成りうすくちしょうゆ
　… 小さじ1
サラダ油 … 大さじ1
水 … ½カップ

作り方

1. きゅうり、玉ねぎ、トマト、オクラをざく切りにする（玉ねぎ以外は飾り用に少々残しておく）。
2. **1**をボウルに入れ、しょうが、塩、酢、サラダ油を加え、水を足してブレンダーでかくはんする。
3. うすくちしょうゆで味をととのえたら、細かく切った飾り用の野菜をのせる。

※ブレンダーがない場合は、トマトをトマトジュース1カップに代え、きゅうり、玉ねぎをすりおろす。オクラは細かく刻んで混ぜ合わせる。水は¼カップから様子を見て加える。

ヒラクさんのおすすめ！

スペインのガスパチョはけっこう酸っぱいけど、山吹にうすくちしょうゆを合わせることで、ちょっとお吸い物感がでて、日本人には食べやすいお味に。ちなみに生成りうすくちはお湯と1:10で割るだけで、おいしいお吸い物になるよ。

このレシピで使用した発酵調味料はコレ！

純酒粕酢 三ツ判山吹
ミツカン（愛知県）

生成りうすくち
ミツル醤油醸造元（福岡県）

酒粕からつくった純酒粕酢。赤酢ともよばれ、ミツカンの創業のお酢でもあります。風味豊かでディープな旨みが静かに響く味わい。ミツル醤油は福岡県糸島のクラフトしょうゆのニューウェーブ。こちらは自家製の甘酒（米＋米麹）を加えて味をととのえ、口当たりの良いやさしい風味に。

お吸い物感のある冷製スープ

とりむね肉と アスパラのお吸い物

recipe by 有賀薫

かつおだしを楽しむシンプルなスープがアスパラガスの甘味を引き立てます。ボリュームがほしいときは落とし卵をトッピングしてもOK!

材料 2～3人分

とりむね肉…100g
アスパラガス
…4～5本(1束)
カネサのかつおぶし
…1パック(4g)
酒…小さじ1
塩…小さじ⅓
水…2と½カップ

作り方

1 鍋に水とかつおぶしを入れて火にかける。煮立ったら弱火にし、5分ほど煮だしてから火を止めて濾す。

2 とりむね肉は薄くそぎ切りする。アスパラガスは3cmの長さの斜め切りにする。

3 鍋にアスパラガスと水50mℓ（分量外）を入れてふたをして火にかける。3分ほどたったら**1**のだしを加え、煮立ったら弱火にし、とり肉を1枚ずつそっと入れる。

4 とり肉が煮えたら酒と塩を加える。

ヒラクさんのおすすめ！

質の違う薄味の組み合わせは、掛け算によってリッチな味わいになり、高級レストランの料理を食べてる気分。発酵している削りがつおを使うのがポイント。この削りがつおをのだし汁のとり方さえ外さなければ、味が締まってより高級感出ます。

このレシピで使用した発酵調味料はコレ！

カネサのかつおぶし
カネサ鰹節商店（静岡県）

創業から140年、静岡県西伊豆の古の伝統を受け継ぐ、本枯節の削りがつお。シンプルな見た目に反して超本格派の贅沢だしです。生のカツオを煮た後に燻して乾燥させて、「カビ付け」と「天日干し」を何度も繰り返して発酵させたもので、だしの濃さが特徴的。初めて食べるると普段の削りがつおとの味わいの違いに驚きが。

＼質の違う薄味の掛け算でリッチな味に／

COLUMN 2

有賀 薫

心も体もヘルシーに。食べ慣れるとすごく沼る、クセつよ発酵調味料！

人気スープ作家の有賀さんが、発酵調味料でスープを作るとこうなるのか！というなるほどや発見も多かった「発酵スープサブスク」。発酵の旨みを最大限に引き出した「発酵スープ」の開発エピソードを伺いました。

——レシピ開発のとき、念頭においたテーマはありますか？

まず「スープ」ということで、だし汁をどうとるかが大事だよねとヒラクさんとお話ししました。世界中にいろんな旨みのだし方があるとヒラクさんが言っていて、わたしも基本的に食材の旨みを利用したスープを紹介することが多いので、今回は「発酵の旨み」を最大限利用することを心掛けました。発酵デパートメントって本当に発酵のいろんな商品があって。全部同じでなくて、味噌や酢でもちょっと変わった特徴があるものがいっぱいあるので、その面白さを引き出すようなレシピを意識しました。

——これまで〝発酵パワー〟を感じたエピソードはありますか？

今回、78ページのミネストローネは、ほぼ野菜と少量のお肉で成り立たせているのですが、そこに酢を加えることで引き締め効果がでています。ちょっと良い酢、発酵のしっかり効いた酢を使うことで旨みがすごく足されるんですよね。発酵の旨みが出ていないような酢だと、なかなかそうはいかないので、そこにやっぱり発酵の力を感じました。サンラータンとかは、はっきりと酢が入ってることがわかると思うんですけど、そうじゃない、隠し味としての酢がすごく効くなっていう感じですね。

それからヒラクさんの発酵に対

サブスク動画は有賀さんの素敵なキッチンで収録

ありが・かおる　スープ作家・料理家。シンプルなのに味わい深いスープレシピが大人気。

するパワー。ひとつひとつのレシピにすごく反応してくれて、使用した発酵食品の裏付けを教えてくれるので、それを聞くだけでも楽しかったです。あと発酵デパートメントのスタッフもみなさんいつもご機嫌で、体の健康だけでなく心もヘルシーに感じるというか。発酵や食に対する好奇心とか高い方が多くてそういったところにもパワーを感じます。

——好んで使っている発酵調味料はありますか？

　サブスクでも使ったやまごみそ、ミツル醤油はリピートしていますね。もう単純に美味しくて、クセがなくて使いやすい。それからやまくにさんのいりこ。これは今もずっと使っています。それから、今回のレシピで印象が強かったのは、すんき。お肉を食べたような美味しさがあるわけじゃないけれども、日常のなかに根付いているみたいな。そういう全体感を含めて、すごく心惹かれる、発酵食品でした。発酵デパートメントの商品は、クセが強いものも多くあって、でも食べ慣れていくと、なんかすごく沼るみたいな（笑）。今回、私が間違いなく沼ったのは、すんきですね。

——今回、いますぐハッピーが詰まった発酵最強スープレシピばかりです。

　はい。私のスープはどれもすごく簡単なので、ぜひ発酵調味料を使うことで、いつもとは一味も二味も違うスープを楽しんでもらえればうれしいです。

PART 4

発酵ごはん

うまみ爆発！
無限ごはん

GOHANDOUMEI

材料　4人分

・塩むすび

炊きたてのごはん
　… 好みの量
ふりかける醤油
　… おむすび1個につき
　ひとつまみ
塩 … 適量

・きのこ豚汁

豚バラ薄切り肉 … 100g
玉ねぎ … ½個
油揚げ … 1枚
好みのきのこ … 200g
青ねぎ（小口切り）… 適量
米五のみそ … 大さじ4
みりん … 大さじ1
いりこ … 8尾
昆布 … 5cm（2g）
水 … 4カップ

作り方

塩むすび

1 まな板にふりかける醤油をふり、ごはんを1個分120gずつ並べる。

2 上からふりかける醤油をふり、まな板の上にのせたまま3回で形を整え、さらに3回握る。

※ふりかける醤油は塩味が強いので、塩をしないか、控えめにします。

きのこ豚汁

1 いりこの頭と腹を取って割く。鍋に水、いりこ、昆布を入れて30分〜1時間おく。

2 豚肉は2cm幅、油揚げは5mm幅に切り、沸騰した湯にさっとくぐらせる。

3 玉ねぎは薄切り、きのこは軸を落としてほぐす。

4 **1**の鍋を火にかけ、沸騰したら具材をすべて入れて煮る。みりんを加え、みそを溶く。器に盛り、青ねぎをのせる。

ヒラクさんのおすすめ！

グルタミン酸（味噌）、イノシン酸（豚肉、いりこ）、グアニル酸（きのこ）。P88の豚汁よりさらに旨み要素が掛け合わさっているので、これも全人類が絶対好き（笑）。ふりかける醤油は適度な塩分とタンパク質で、お子さんのスポーツ後にぴったり！

このレシピで使用した発酵調味料はコレ！

ふりかける醤油
山川醸造株式会社（岐阜県）

米五のみそ（すり）
株式会社米五（福井県）

たまりじょうゆを絞ったあとに残る酒粕ならぬ「たまり粕」とたまりじょうゆを日本海の海水と一緒に煮詰めてつくった、まろやかなしょうゆ塩。米五は福井県福井市の街中にある、地元に根ざしたおみそ屋さん。麹がやや少なめで程よく塩味がきいていて、水分量が多く、アラ汁にもピッタリです。

無限おむすび＆きのこ豚汁

recipe by ごはん同盟

表面の塩けとごはんの甘みのメリハリが味のアクセント。無限に食べられる！
ごはんはなるべく触らない！ 握る回数をいかに減らすかがおむすびのコツです。

ピリ辛まぐろ漬け丼

recipe by 山口祐加

切ってあえるだけ、予想の斜め上をいく美味しさが3分で完成！
最後にごまをかけるだけで風味が格段にあがります。サーモンで作っても◎

材料 1人分

まぐろ（刺身用）… 80g
きゅうり … ⅓本
アボカド … ½個
キッコーゴ五郎兵衛（しょうゆ）
… 小さじ2と½
かんずり … 少々
ごはん … 1杯分
白ごま … 少々

作り方

1. きゅうりは半月切り、まぐろはぶつ切り、アボカドはスプーンで一口大にすくってボウルに入れる。
2. **1**にしょうゆとかんずりを入れ、全体をなじませる。
3. 器にごはんを盛り、**2**をのせたら、白ごまを潰しながらまわしかける。

ヒラクさんのおすすめ！

キッコーゴは、丸大豆で作られたクラフトしょうゆ。クセがないのに、香りがしっかりたつ。いつものおしょうゆから変えただけで、香りが桁違いで変わってくるので、丼を口に運ぶときのフレーバー体験をぜひ！

このレシピで使用した発酵調味料はコレ！

かんずり
有限会社かんずり
（新潟県）

キッコーゴ
五郎兵衛醤油
近藤醸造株式会社
（東京都）

かんずりは新潟県妙高の唐辛子に、糀、ゆず、食塩を加えたうま辛発酵調味料。みそ汁の味変や納豆に加えても美味しいです。キッコーゴは「近藤醸造」でつくられる本醸造しょうゆ。料理の仕上げやお刺身、冷奴にもぴったり。「つけ」「かけ」用として常備したい1本です。

\ クラフトしょうゆの入門メニュー /

材料　1人分

豚スペアリブ … 250～300g
玉ねぎ … 1個
にんにく … 2片
ホールトマト缶 … ½缶
水 … 100mℓ
油 … 大さじ4
クミンシード（ホール）
　… 小さじ½

A
心の酢（米酢）… 大さじ4
三州三河みりん
　… 大さじ5～6
赤ワイン
　… 大さじ2～3
ヨーグルト（無糖）
　… 大さじ3
ガラムマサラ
　… 小さじ1と½
ターメリック
　… 小さじ1
塩 … 小さじ½
こしょう … 少々

作り方

1. ボウルに**A**を合わせてよく混ぜ、豚スペアリブを入れてマリネし、一晩おく。
2. 玉ねぎは粗みじん切り、にんにくは芯を取り、スライスする。
3. 厚手の鍋に半量の油を熱し、クミンシードと玉ねぎを入れて強めの中火で炒める。玉ねぎが薄く色づいてきたらにんにくと残りの油を加えてさらに炒める。
4. 玉ねぎがきつね色になったら、**1**の肉をマリネ液ごと入れ、ホールトマトも加えて強火にかける。
5. 沸騰したら弱火にして水を加え、ふたをして25～30分煮る。

ヒラクさんのおすすめ！

僕がお酢にハマっていたときに考案したレシピです。発酵の酸味を使って、塩に頼らず、美味しさや味のリッチさを引き出すのがポイント。大量のお酢を入れることに躊躇しないで！　その先に天国が待っている！

このレシピで使用した発酵調味料はコレ！

心の酢
戸塚醸造店
（山梨県）

**三州
三河みりん**
株式会社角谷文治郎
商店（愛知県）

心の酢は、お米の美味しさと風味の豊かさが際立った天然醸造純米酢。一年以上かめの中でじっくり発酵熟成させる「静置発酵」による伝統製法の逸品。調味料好きには定番の月谷文治郎商店の三河みりん。もち米に米麹と米焼酎をあわせて醸す昔ながらの本格みりんです。リキュールとして飲んでも美味しい。

PART 4

発酵調味料で ポークビンダルー

recipe by 小倉ヒラク

発酵デパートメントで超定番の酢とみりんを使った酸っぱいカレー。
ヨーグルトとガラムマサラがいい仕事をしてくれるので本格的な味に!

肉×お酢の威力で激うまカレー!

麻婆チャーハン

recipe by ごはん同盟

中華料理の醤《ジャン》のような、唐辛子の発酵調味料の旨みが効いて飽きのこない味に。強火じゃなくても、パラパラじゃなくても、美味しいチャーハンの出来上がり。

材料　2人分

ごはん … 500g
豚ひき肉 … 150g
しょうが（みじん切り）… ½かけ分
にんにく（みじん切り）… 1片分
長ねぎ（みじん切り）… ½本分
豆板醤 … 小さじ1
唐三 原液黒ラベル … 大さじ3
砂糖 … 小さじ1
酒 … 大さじ1
塩 … 小さじ⅓
米油（またはサラダ油）… 大さじ1
花椒（ホール）… 小さじ1

作り方

1. フライパンに油、しょうが、にんにくを入れ、火にかける。香りが立ってきたら豆板醤、豚ひき肉を入れて炒め、唐三大さじ2と砂糖を加えてさらに炒める。
2. 長ねぎを加えて全体をなじませたら、中央を空けてごはんと酒を加え、ほぐしながら炒め合わせる。
3. 全体がなじんだら、唐三大さじ1をひと回しし、塩で味をととのえ、砕いた花椒を加えてさっと絡めてから火を止める。

ヒラクさんのおすすめ！

美味しくてみんな無言で食べた一品。発酵デパートメントの定番調味料「唐三」がいい味出しています。タバスコのような爽やかさがある。もうひと口食べたい余韻が続くのに、切れ味もあります。

このレシピで使用した発酵調味料はコレ！

唐三原液黒ラベル
株式会社 奥但馬（兵庫県）

兵庫の3人の発酵老人が生み出した、辛くてコクたっぷりの唐辛子調味料。小代村で特別栽培された「天空の唐辛子」と地元の美方米から作る麹、地場のしょうゆを3年以上発酵熟成させています。炒めものをはじめ、坦々麺や麻婆など中華料理にもマッチ。

＼ムラはあってもOK! 味のパンチに／

無限冷やし茶漬け（水キムチ） recipe by ごはん同盟

米のとぎ汁で簡単に作れる水キムチは、唐辛子不使用で辛くありません。乳酸発酵の心地よい酸味で、ごはんが何杯でもサラリと食べられます。

材料 作りやすい分量

きゅうり … 2本
玉ねぎ … ¼個
米のとぎ汁 … 2と½カップ
しょうが（千切り）… 1かけ分
塩 … 大さじ½
砂糖 … 小さじ1
ごはん … 適量
漬物（しば漬、松浦漬）… 適量

作り方

1 鍋に米のとぎ汁、しょうが、塩、砂糖を入れて火にかけ、ひと煮立ちさせたら火からおろして冷ます。

2 きゅうりは5㎜幅の輪切り、玉ねぎは薄切りにして**1**とあわせ、保存容器にうつす。

3 一晩常温において、好みの酸味になったら冷蔵庫へ入れる。

4 ごはんをザルに入れ、流水で洗って水けをきる。器に盛り、**3**の水キムチを汁ごとかけ、漬物を添える。

※水キムチは冷蔵庫で2～3日保存可能。

ヒラクさんのおすすめ！

無言で食べる系のレシピ、その2。食欲が全然なくても食べる力が残っていない人でも、この水キムチの汁はいける。唐辛子キムチの原型みたいなもので、乳酸菌がいっぱいいてお腹が整いますね。

このレシピで使用した発酵調味料はコレ！

刻み生しば漬
辻しば漬本舗（京都府）

佐賀呼子の松浦漬
松浦漬本舗（佐賀県）

京都の大原地域で800年継承された、乳酸発酵を生かした酸味が特徴のリアルしば漬。しば漬けってきゅうりじゃないの？と思われるかもしれませんが、なすと赤しそを塩のみで漬け込んだ素朴なお漬物。佐賀県唐津の呼子でつくっている、クジラの上顎のナンコツの酒粕漬けは、解体後に使いみちのないナンコツを食べられるよう考案されたクジラ一族の知恵。

乳酸菌の力でお腹を整える

こんかのパスタ recipe by 山口祐加

**旨みが凝縮したさばのこんか漬けをアンチョビのように使ってパスタに！
レモンを絞ったり、少し辛くしたり、味変するのもおすすめです。**

材料　1人分

ミニトマト … 5個
金沢こんかこんか
　… 1パック（20g）
スパゲッティ … 100g
オリーブ油 … 大さじ2
パセリ … 適量

作り方

1. ミニトマトはへたを取って半分に切り、金沢こんかこんかは粗みじん切りにする。パセリも刻む。
2. 鍋に水1L（分量外）を沸かし、小さじ2の塩を加えてスパゲッティを袋の表示どおりにゆでる。
3. フライパンにオリーブ油、ミニトマト、金沢こんかこんかを入れて約2分炒める。火を止めてから湯を切ったスパゲッティを加え、全体を混ぜる。
4. 皿に盛り、刻んだパセリを散らす。

ヒラクさんのおすすめ！

オリーブオイルとサバのこんかはめちゃくちゃ合う！　さばのこんかは北陸の保存食。脂身が発酵の過程で落ちて、角がとれたまろやかさに。このまろやかさが日本人にとっては、アンチョビより正直イケる。

このレシピで使用した発酵調味料はコレ！

金沢こんかこんか
糖乃舎合同会社（石川県）

塩漬けにしたさばをさらにぬかに漬けたもので、こんかとは方言で「ぬか」のこと。内臓を抜いて塩漬けした魚を、30年受け継がれたぬかに半年つけて熟成させた石川県の保存食です。福井では「へしこ漬け」、金沢では「こんか漬け」と呼ばれます。

こんかは和のアンチョビ♪

材料　2〜3人分

・酢飯

ごはん … 2合分
海苔（全形）… 5枚

A
三ツ判山吹（酢）
… 大さじ4
塩 … 小さじ1
白ごま … 小さじ1

・具材

まぐろさく … 100g
サーモンさく … 100g
牛ステーキ用もも肉
… 1枚（150g）
底引きたまり … 大さじ6
みりん … 大さじ3
酒 … 大さじ1
塩・白こしょう … 適量
オリーブ油 … 適量
アボカド、かいわれ大根、
パクチー
… 各適量

作り方

酢飯

1. 炊きたてのごはんに合わせておいた**A**を加えてさっと混ぜる。海苔は四つ切りにする。

具材

1. 鍋にみりんと酒を入れて火にかけ、沸騰したら火を止め、底引きたまりを入れて混ぜる。
2. まぐろ、サーモンをさくごと、**1**のヅケ汁に30分ほど漬ける。
3. 牛肉は室温にもどし、焼く直前に塩・白こしょうを両面にふる。フライパンにオリーブ油を熱し、牛肉を入れ両面を約1分ずつ焼く。ヅケ汁を大さじ2まわし入れ、全体になじませたら火を止め、アルミホイルに包んで10分ほど休ませる。
4. まぐろ、サーモン、牛肉を薄切りにする。
5. 海苔に酢飯と好みの具をのせ、巻いていただく。

ヒラクさんのおすすめ！

酒粕で作ったお酢はすでに三杯酢みたいになっていて、甘みと旨みがあり、コクもあり、これだけで酢飯になる。たまりじょうゆ漬けは、東海の漁師さんたちのテクニックを使ったレシピ。

このレシピで使用した発酵調味料はコレ！

純酒粕酢 三ツ判山吹
ミツカン（愛知県）

底引きたまり
東海醸造株式会社（三重県）

山吹は3年熟成した酒粕からつくった純酒粕酢。まろやかで旨みたっぷり。クセは少なくいろんなお料理に使えます。東海地方独自の「たまり」は、ふつうのしょうゆの1/3程度の量で味がきまるほど超濃厚な調味料。小麦不使用なのも特徴です。シャープで重厚なコクのある旨みがあり、洋食やお肉料理にも大活躍！　濃厚でとろりとしたテクスチャーがクセになります。

無限手巻き寿司

recipe by ごはん同盟

砂糖は使わずに酢の旨みを活かした酢飯で無限手巻きに挑戦。
[illegible]ほたて、アボカドやクリームチーズをヅケても◎

COLUMN 3

ごはん同盟

発酵調味料はごはんとの相性抜群！ 味噌でガラリと変わる豚汁が面白い

〝発酵食品でごはんをかきこむ〟と謳い始まった、発酵好き＆食いしん坊たちが大喜びの発酵サブスクで、レシピ開発と講師役を務めたのがごはん同盟のお二人。ごはんが止まらないレシピの数々について誕生秘話をうかがいました。

——タイトルから「無限ごはんサブスク」ということで、ごはん同盟さんのメニュー開発のテーマは、やはり…!?

お米を愛するごはん同盟ですから、「とにかく、ごはんがすすむこと！」を最優先で考えました。

ご存じのとおり、しょうゆや味噌などの発酵調味料は、ごはんとの相性が抜群ではあるのですが、発酵デパートメントで取り扱っているアイテムは幅広く、たとえば、「いしる」や「唐三」のような、馴染みの薄いものも数多くあります。そんな一般にはまだよく知られていない発酵調味料も、毎日食べるごはん料理に取り入れられたら活躍の出番がもっと増えるのではないかと考え、メニューを考案しました。

発酵レシピでもっとも重視したポイントも、「ごはんとの相性」です。そして、「料理のつくりやすさ」も大事にしました。それぞれの発酵調味料の持ち味を活かすように、できるだけシンプルな工程でつくれるようにしています。

——これまでに〝発酵パワー〟を実感したことはありますか？

発酵パワーを意識することは特にないのですが、普段からごはん中心の食生活なので、おのずとしょうゆや味噌、納豆などの発酵食品を取る機会が多いです。体調をあまり崩すことが少ないのは、発酵食品のおかげかもしれませんね。

——サブスク動画からもお二人とヒラクさんのかけあいから楽しそうな雰囲気が伝わってきました。

まるで親戚同士のような食卓を囲む風景が人気に

ごはん・どうめい　米料理とごはんに合う食べ物が大好きな、夫婦二人による炊飯系フードユニット。

小倉ヒラクさんとは、お互いが何者でもなかったころからの十年来の付き合いです。なので、今回のサブスクも一応お仕事ではあるのですが、あまりそういう緊張感が薄くて、「ただ食卓を囲んで、みんなでおいしいごはんを楽しく食べた」ような現場だったと思います。特に、無限手巻き寿司の撮影は、完全に親戚の集まりみたいな雰囲気でしたね（笑）。

　日本全国はもちろん、世界中を旅するヒラクさんの話からは、毎回刺激を受けています。発酵デパートメントは、食や発酵のムーブメントに興味がある人たちのハブ的存在で、そこに集まるお客さんもとてもユニークで個性的な人が多いと思います。初対面でも「発酵デパートメント」という共通のワードで仲良くなれることも多々あります。

——お気に入りの発酵調味料と、とっておきの使い方をぜひ。

　豚汁は、調理法が簡単、かつ、使う味噌によって味わいがガラッと変わるのが面白い料理だと思います。私たちもいろいろな味噌で豚汁を作ってきましたが、最近のお気に入りは、この本にも登場する玉那覇味噌醤油の「王朝みそ」。ちょっと甘めで旨みのある味噌なんですが、さらに玉ねぎを多めに入れて甘めに仕上げるのがおすすめです。ほかにも、福光屋「福正宗 純米 料理酒」や村山造酢の「千鳥酢」、白扇酒造の「福来純『伝統製法』熟成本みりん」、魚沼の辛味調味料「かぐら辛っ子」などが好きですね。

PART

5

発酵おつまみ

発酵おつまみに合う
ペアリングも紹介！

HIRAKU
OGURA

ピーマンとじゃこのしょうゆ炒め

recipe by 山口祐加

しょうゆの香り、じゃこの旨み、ピーマンの苦味のバランスがばっちり決まった、シンプルだけど箸が止まらない一皿。好みの野菜でアレンジしてもOK!

材料 1人分

ピーマン … 3個
ちりめんじゃこ … 15g
油 … 小さじ1
キッコーゴ五郎兵衛(しょうゆ)
… 小さじ1

作り方

1. ピーマンは縦半分に切ってへたと種をのぞき、繊維に沿って千切りにする。
2. フライパンに油とピーマンを入れて約3分炒める。
3. ちりめんじゃことしょうゆを入れて、約30秒ざっと炒める。

ヒラクさんのおすすめ!

香りの良さに定評があるキッコーゴのもうひとつの特徴が、加熱をしたときの香ばしさ。このレシピも加熱をすることで、じゃこの香ばしさが引きだされ、ピーマンの苦みも中和してくれて、食べやすくなります。

おすすめペアリング:ハイボール、レモンサワー

このレシピで使用した発酵調味料はコレ!

キッコーゴ五郎兵衛醤油

近藤醸造株式会社(東京都)

東京都あきる野市にある「近藤醸造」でつくられる本醸造しょうゆ。自然豊かな環境で、伝統と新しい感性を取り入れた丸大豆しょうゆは旨み成分がたっぷりで、料理の仕上げやお刺身、冷奴にもぴったり。「つけ」「かけ」用として常備したい一本。

じゃことしょうゆのたまらない香ばしさ

奈良漬タルタルソース

recipe by 山口祐加

**濃厚な味わいの奈良漬を玉ねぎやレモン果汁などと合わせると
意外にも食べやすいタルタルソースに変身！ 揚げ物に添えてどうぞ。**

材料 1人分

玉ねぎ … 1/8個
奈良漬 … 40g
パセリ … 適量
マヨネーズ … 大さじ1
レモン果汁（または酢）
… 小さじ1

作り方

1. 玉ねぎ、奈良漬、パセリをすべてみじん切りにする。
2. ボウルに**1**とマヨネーズ、レモン果汁を入れ、混ぜ合わせる。
3. 揚げ物や野菜スティックに添える。

ヒラクさんのおすすめ！

奈良漬のタルタル？ 意外なアイデアですが、実際やってみると驚くほど食べやすい。漬物をそのままポリポリ食べる以外のモダンな食べ方を僕らは提案したくて、そこで生まれた、すごくできの良いレシピ。

おすすめペアリング：ビール（特にキリン一番搾り）、米焼酎

**このレシピで使用した
発酵調味料はコレ！**

きざみ奈良漬

森奈良漬店（奈良県）

奈良時代から存在していた奈良漬のルーツを守る、超シンプルな伝統製法を貫く森奈良漬店。熟成させた酒粕と塩だけで、食材を何度も漬け替えて2〜5年ほどかけて漬け込みます。発酵の醸し出す旨み甘みのみ！ 長期熟成させた酒粕のまろやかな甘みが詰まった奈良漬け。酒粕と塩のみを使ったクラシックな製法です。

漬け物のモダンな食べ方

モッツァレラチーズのお刺身

recipe by 山口祐加

小麦を使わないこってりしたたまりしょうゆは、肉や乳製品とよく合います。
フレッシュなチーズをちぎるだけの超超超簡単な美味おつまみ！

材料 1人分

モッツァレラチーズ … 適量
かつおぶし … 適量
たまりしょうゆ … 適量

作り方

1. モッツァレラチーズを一口大にちぎり、皿に盛る。
2. **1**にかつおぶし、たまりしょうゆをかける。

ヒラクさんのおすすめ！

これはもはや料理なのかレベル（笑）。いますぐ食べられてハッピーかつ発酵を全力で感じられます。たまりは米や麦の麹の和食っぽいかろやかさがよくて、ストレートにシャープな旨みがバチッときます。

おすすめペアリング：ライトな赤ワイン

このレシピで使用した発酵調味料はコレ！

底引きたまり
東海醸造株式会社
（三重県）

カネサのかつおぶし
カネサ鰹節商店
（静岡県）

三重県鈴鹿市にある東海醸造のたまりじょうゆ。木桶の底から滴り落ちる、圧搾や加熱をしない自然なたまりで、伝統製法でつくられる味噌とその副産物から生まれます。カネサは静岡県西伊豆町のかつお節文化を継承する蔵。手軽なパック入りの削りがつおで、開けた瞬間にフレッシュな削りがつおの香りが漂います。シンプルな見た目に反して超本格派！

ちぎってかけるだけの爆速おつまみ

鮎クリームベイクドポテト

recipe by 山口祐加

ベイクドポテトにサワークリームを合わせるのは、ポテトレシピの鉄板。
鮎のやさしい甘みがほっくりとしたじゃがいもと絶妙に合います。

材料 1人分

じゃがいも … 1個
油 … 大さじ1と½
鮎の白熟クリーム … 大さじ1

作り方

1 じゃがいもは皮つきのまま小さめの一口大に切り、さっと水にくぐらせてから耐熱容器に入れ、ラップをして電子レンジで3分加熱する。水けをよく拭き取る。

2 フライパンに油、**1**を入れ、弱めの中火で6〜8分焼く。表面がカリッとして焼き色がついたら皿に盛り、鮎の白熟クリームを添え、好みで黒こしょう（分量外）をふる。

ヒラクさんのおすすめ！

これも発酵デパートメントのメニューになってます。鮎のなれずしを上手の職人が、あまりにも鮎を漬けこんだ米が美味しいのでそれをクリームにしちゃったという商品。罪悪感を抱くほどのうまさ！
おすすめペアリング：クラフトビール、オレンジワイン

このレシピで使用した発酵調味料はコレ！

鮎の白熟クリーム
株式会社 泉屋物産店（岐阜県）

子持鮎なれずしの熟成した飯（いい）の部分を使用して、生クリーム、サワークリームをブレンドしたクリーム。なれずし独特の臭みが乳製品によって緩和され、濃厚な旨みが引き出された逸品です。

罪の意識を感じるうまさ

きのこのポン酢炒め

recipe by 山口祐加

ただ、きのこをポン酢で炒めただけのレシピと思うなかれ。
ポン酢は炒め物に使うと口当たりはさっぱり、香り豊かに！

材料　1人分

好みのきのこ（エリンギ、しいたけなどを2パックほど）… 200g
油 … 大さじ1と½
能登のぽんず … 大さじ1と½

作り方

1. きのこは食べやすいサイズに切る。
2. フライパンに油ときのこを入れて火にかけ、4〜5分あまり触らずに炒める。
3. ぽんずを加え、水けがなくなるまで炒める。

ヒラクさんのおすすめ！

きのこをポン酢で炒めるだけ！
塩味が薄くても全然食べられます。
酢を活用すれば、塩味に頼らない味付けができるよ。
おすすめペアリング：日本酒（ぬる燗くらいで）

このレシピで使用した発酵調味料はコレ！

能登のぽんず
谷川醸造株式会社（石川県）

谷川醸造のしょうゆに原木しいたけを漬け込み、天然醸造のお酢や純米本みりんなどを加えた、無添加のポン酢。餃子につければさっぱり、焼き魚やしゃぶしゃぶにもよく合います。冬は湯豆腐や鍋のたれとしてもどうぞ。

ただ！　ポン酢で炒めるだけ！

いしるチャーシュー recipe by ごはん同盟

材料は3つだけ！　電子レンジ調理であっという間にチャーシューが出来上がり。いしるのとんがった塩味が豚の脂とよく合い、高級感のある味に！

材料　1～2人分

豚肩ロースかたまり肉
　… 200ｇ
いしる（いわし）… 大さじ3
にんにく（すりおろし）
　… 1片分
白髪ねぎ（またはパクチー）
　… 適量

作り方

1. 120℃以上の耐熱性ポリ袋に、すべての材料を入れてよくもみ込む。
2. 深さのある耐熱容器（ボウルなど）に水1L（分量外）を入れ、**1**をゆっくりと沈めながら空気を抜いて真空状態にする（口は閉じないでおく）。
3. **2**を耐熱容器ごと電子レンジに入れ14分加熱し、そのまま約15分冷ます。
4. ポリ袋から取り出した豚肉を薄く切り分ける。皿に盛り、煮汁を適量かけ、白髪ねぎをのせる。

※肉は常温にしておく
※肉に竹串などを刺して火の通りを確認します。
　足りないようなら1分ごとに追加で加熱します。

ヒラクさんのおすすめ！

発酵デパートメントで人気を博したメニュー。いしると肉のベストマッチで、このチャーシュー、只者じゃない！　というアヤしさが出る。調味料がちゃんとしてると要素が少なくてもご馳走になる。これは無限酒しちゃいますよね。
おすすめペアリング：ジューシーでさわやかなタイプの日本酒

このレシピで使用した発酵調味料はコレ！

いしる（いわし）
谷川醸造株式会社（石川県）

石川能登のセンスフルなおしょうゆ屋さんのいしる。いしるは、いわしをまるごと塩漬けにしてドロドロに溶かしたローカル魚醤。濃厚な香りと魚介特有の旨みがセクシーな印象です。実はアンチョビと製法が似ているので、イタリアンにもよく合います。小さいサイズで場所もとらず使い切れます。

レンチンだけのご馳走チャーシュー

油味噌（アンダンスー） recipe by 山口祐加

沖縄でみその常備菜といえば、油味噌。豚肉の代わりにツナ缶を使って手軽で美味しいレシピにしました。コツはツナオイル缶を使うこと！

材料　作りやすい分量

ツナオイル缶詰
　… 小1缶（70g）
沖縄味噌 … 大さじ4
砂糖 … 大さじ1

作り方

1. ツナ缶をオイルごとフライパンに入れ、みそ、砂糖を加えて混ぜ合わせる。
2. 弱めの中火にかけ、約4分炒める。最後の1分は焼き付けるようにして、みそを少しだけ焦がす。

ヒラクさんのおすすめ！

沖縄でよく食べるごはんのおともですね。沖縄は年中暖かいのですぐ味噌の発酵が進む。淡い色のわりには甘さが残っていて軽やかです。やっぱり泡盛の古酒（クース）と楽しんでもらうのが一番じゃないかな。
おすすめペアリング：泡盛

このレシピで使用した発酵調味料はコレ！

首里みそ
玉那覇味噌醬油（沖縄県）

丸大豆を自慢の自家製米麹で仕込んだ、甘みとまろやかな味わいが人気の、沖縄のみそ。沖縄料理の油味噌やイナムドゥチ（沖縄風豚汁）にもおすすめです。老若男女、誰もが楽しめるやさしい味わい。

味噌のうまさをダイレクトに味わう

この本に登場する発酵調味料の紹介

発酵デパートメントではオリジナルの発酵調味料や
お酒など、常時300〜400点以上の商品が販売されています。
伝統の味から新しい挑戦の味、ワクワクする発酵の世界に
触れてみてはいかがでしょうか。

使える基礎発酵調味料

P.104,120

近藤醸造株式会社

キッコーゴ五郎兵衛醤油

住 東京都あきる野市山田733-1
☎ 042-595-1212
HP kondojozo.com/

P.094

ミツル醤油醸造元

生成りうすくち

住 福岡県糸島市二丈深江3丁目3-1
☎ 092-325-0026
HP mitsuru-shoyu.com/

P.076,088

五味醤油

やまごみそ

住 山梨県甲府市城東1-15-10
☎ 055-233-3661
HP yamagomiso.com/

P.106

株式会社角谷文治郎商店

三州三河みりん

住 愛知県碧南市西浜町6-3
☎ 0566-41-0748
HP mikawamirin.jp/

P.102

株式会社米五

米五のみそ（すり）

住 福井県福井市春山2丁目15-26
☎ 0776-24-0081
HP https://misoya.com

※この本で紹介した発酵調味料は、発酵デパートメントで取り扱いのあるものを中心に掲載していますが、時期やメーカーの都合により取り扱いのない場合もございます。あらかじめご了承ください。

P.058,086

日東醸造株式会社

三河精進白だし

住 愛知県碧南市松江町6丁目71番地
☎ 0566-41-0156
HP https://nitto-j.com/

P.132

玉那覇味噌醤油

首里みそ

住 沖縄県那覇市首里大中町1-41
☎ 098-884-1972
HP tamanahamiso.co.jp/

※オンラインショップでの販売は休止中

P.106

戸塚醸造店

心の酢

住 山梨県都留市夏狩253
☎ 0554-56-7431
HP kokoronosu.jp

P.128

谷川醸造株式会社

能登のぽんず

住 石川県輪島市釜屋谷町2-1-1
☎ 0768-22-0501
HP tanigawa-jozo.com/

P.096,124

カネサ鰹節商店

カネサのかつおぶし

住 静岡県賀茂郡西伊豆町田子600-1
☎ 0558-53-0016
HP katsubushi.com/

P.076

やまくに

やまくにのいりこ

住 香川県観音寺市柞田町丙1861-1
☎ 0875-25-3165
HP paripari-irico.jp/

P.054

仁井田本家

料理酒 旬味

住 福島県郡山市田村町金沢字高屋敷139番地
☎ 024-955-2222
HP https://1711.jp/

P.090

羅臼漁業協同組合 海鮮工房

羅臼昆布

住 北海道目梨郡羅臼町本町361番地
☎ 0120-530-370
HP www.jf-rausu.shop

あると助かる調味料

P.060,070,088,104

有限会社かんずり

かんずり

住 新潟県妙高市西条437-1
☎ 0255-72-3813
HP https://kanzuri.com/

P.068,114,124

東海醸造株式会社

底引きたまり

住 三重県鈴鹿市西玉垣町
1454
☎ 059-382-0001
HP https://tokaijozo.com/

P.052

鳥居食品株式会社

トリイ桶底ソース

住 静岡県浜松市中央区
相生町20番8号
☎ 053-461-1575
HP torii-sauce.jp/

P.130

谷川醸造株式会社

いしる（いわし）

住 石川県輪島市釜屋谷町
2-1-1
☎ 0768-22-0501
HP tanigawa-jozo.com/

P.066

ひより会

鍋通亭しょっつる

住 秋田県山本郡八峰町八森
字岩館25-1
☎ 0185-77-2835

P.052

株式会社上澤梅太郎商店

らっきょうのたまり漬

住 栃木県日光市今市487
☎ 0288-21-0002
HP tamarizuke.co.jp/

P.060

合資会社八丁味噌（カクキュー）

八丁味噌

住 愛知県岡崎市八丁町
69番地
☎ 0120-238-319
HP kakukyu.jp/

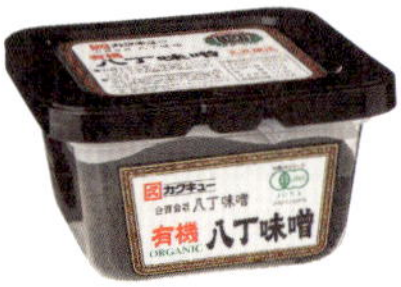

P.080

有限会社 片山商店

本造り 京・丹波白みそ

住 京都府亀岡市大井町並河
3-8-11
☎ 0771-23-6665
HP https://www.
kyotanmiso.net/

P.108

株式会社 奥但馬

唐三原液黒ラベル

住 兵庫県美方郡香美町小代区野間谷23（小代発酵工場）
☎ 090-3465-4043
HP https://okutajima.jp

P.082

四代目醗酵職人

精進キムチ

住 東京都墨田区本所4-13-1
☎ 03-3623-9149
HP ec.kimuchi3.com

P.056

石橋糀屋

一夜漬けの素 さごはち

住 福島県会津若松市御旗町3-26
☎ 0242-27-2136
HP ishibashi-koujiya.jimdofree.com/

P.062

冨田酒造株式会社

酒粕

住 滋賀県長浜市木之本町木之本1107
☎ 0749-82-2013
HP 7yari.co.jp/

P.090

大分県椎茸振興協議会

うまみだけ

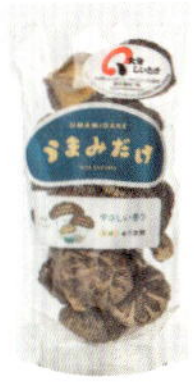

住 大分県大分市大手町3丁目1番1号
☎ 097-506-3836
HP oita-shiitake.com/

P.110

辻しば漬本舗

刻み生しば漬

住 京都府京都市左京区大原上野町483
☎ 075-744-2839
HP tsujishiba.com/

P.078,094,114

株式会社 Mizkan

純酒粕酢 三ツ判山吹

住 愛知県半田市中村町2-6
☎ 0120-216-330
HP https://www.mizkan.co.jp/

チャレンジしたいマニアック調味料

P.122

森奈良漬店

きざみ奈良漬

㊟奈良市春日野町23
（東大寺南大門前）
☎0742-26-2063
HP naraduke.co.jp/

P.064

酬恩庵 一休寺

一休寺納豆

㊟京都府京田辺市薪里ノ内
102
☎0774 62 0193
HP ikkyuji.org/

P.126

株式会社 泉屋物産店

鮎の白熟クリーム

㊟岐阜県岐阜市元浜町20
☎058-263-6788
HP nagaragawa.shop-pro.jp/

P.084

アルプス物産株式会社

すんき

㊟長野県木曽郡木曽町新開
2387-3
☎0264-22-2351
HP alpusbussan.co.jp/

P.110

松浦漬本舗

佐賀呼子の松浦漬

㊟佐賀県唐津市呼子町殿ノ浦
5番地
☎0955-82-0180
HP matsuurazuke.com/

P.112

糖乃舎合同会社

金沢こんかこんか
（サバのこんか漬け）

㊟石川県金沢市材木町
19-17
☎076-225-7391
HP konkakonka.com/

P.102

山川醸造株式会社

ふりかける醤油

㊟岐阜県岐阜市長良葵町
1-9
☎058-231-0951
HP tamariya.com/

P.092

大豊町碁石茶協同組合

碁石茶

㊟高知県長岡郡大豊町黒石
343-1
☎0887-73-1818
HP 514.or.jp/

発酵DIYに挑戦キット

P.024

五味醤油

かんたん
手前味噌キット

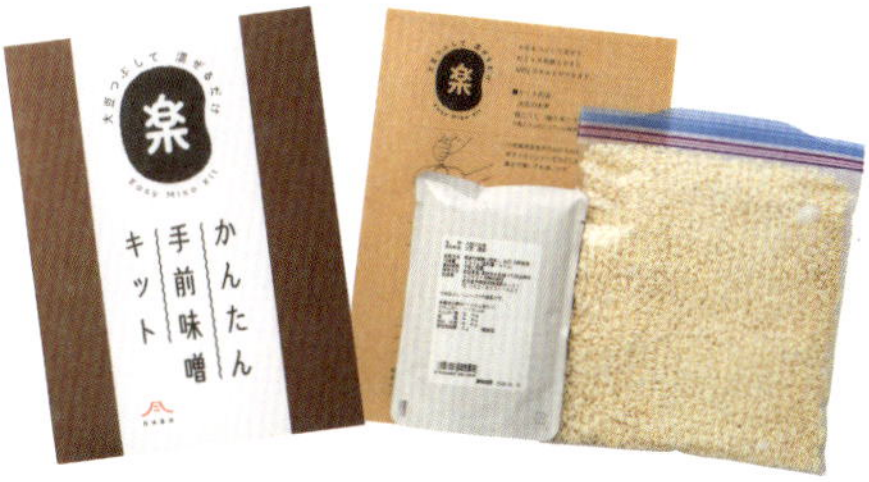

住 山梨県甲府市城東1-15-10
☎ 055-233-3661
HP yamagomiso.com/

P.028

株式会社米五

米五のこうじ

住 福井県福井市春山2丁目15-26
☎ 0776-24-0081
HP http://misoya.com

P.033

株式会社コメット

ぬか床一年生

住 東京都中央区日本橋小網町3-18
スターコート日本橋601
☎ 03-5641-6206
HP http://comete.co.jp/

P.040

有限会社宮城野納豆製造所

納豆製造体験セット

住 宮城県仙台市宮城野区銀杏町4-29
☎ 022-256-7223
HP https://www.miyagino-nattou.com/

P.048

株式会社糀屋三左衛門

種麹（麦用、豆用、旨味、白麹菌、黒麹菌、米用）

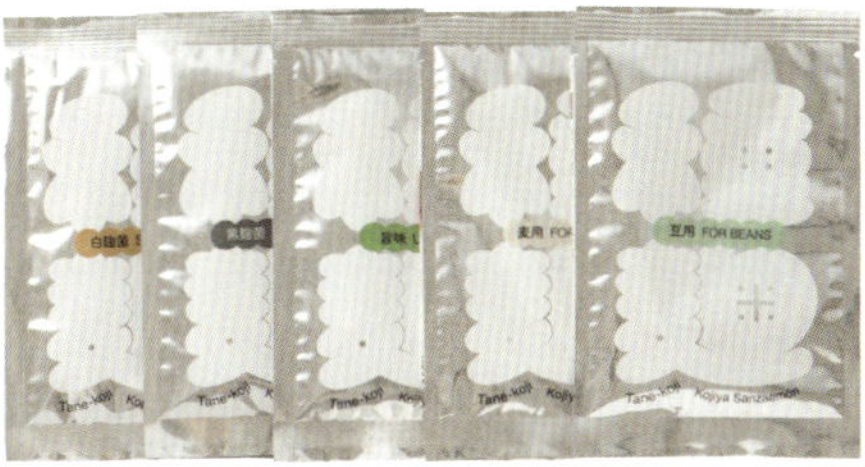

住 愛知県豊橋市牟呂町内田111-1
☎ 0532-31-9210
HP kojiyasanzaemon.store/

料理家プロフィール

発酵デパートメントと一緒に
この本のレシピを開発してくださった料理家さんをご紹介

有賀 薫

ありが・かおる
スープ作家、料理家。家族の朝食にスープを作り始め、10年間毎朝作り続けたスープレシピをSNSで発信、作ったスープは2500種以上。2016年『365日のめざましスープ』(SBクリエイティブ)で、スープ作家としてデビュー。シンプルで作りやすく味わい深いレシピが人気を集め、雑誌やテレビ、ラジオなどで活躍しているほか、スープと絵本、スープと俳句などさまざまなものとコラボしたスープイベントなども行っている。スープの実験室である「スープ・ラボ」主宰。著書に『スープが作れたら、自炊は半分できたようなもの』(オレンジページ)など多数。

X：@kaorun6
Instagram：@arigakaoru
note　https://note.com/kaorun
YouTube　www.youtube.com/@kaorun6

山口祐加

やまぐち・ゆか
自炊料理家。1992年生まれ。東京都出身。出版社、食のPR会社を経て独立。共働きで多忙な母に代わって、7歳の頃から料理に親しむ。現在は料理初心者に向けた料理教室「自炊レッスン」やレシピ・エッセイの執筆、音声プラットフォームVoicyにて「山口祐加の旅と暮らしとごはん」を配信中。著書に『自分のために料理を作る　自炊からはじまる「ケア」の話』（晶文社／紀伊國屋じんぶん大賞2024入賞）、『自炊の壁　料理の「めんどい」を乗り越える100の方法 』（ダイヤモンド社）など多数。

ID：yucca88（各SNS共通）
公式ホームページ
https://yukayamaguchi-cook.com/

ごはん同盟

ごはんどうめい
試作係（調理担当）のしらいのりこと、試食係（企画担当）のシライジュンイチの夫婦二人による炊飯系フードユニット。得意分野はお米料理とごはんに合うおかず全般。著書に「ごきげんな晩酌　家飲みが楽しくなる日本酒のおつまみ65」（山と渓谷社）、「ストウブで米を炊く」（誠文堂新光社）、「スープジャーとおにぎり弁当」（成美堂出版）などがある。

X：@gohandoumei
note　note.com/gohandoumei

この本は、発酵デパートメントが手掛けたサブスク
【スープの魔術師になれる！有賀薫と小倉ヒラクの＃発酵スープサブスク】
【ごはん同盟さんとかきこむ！＃無限ごはんサブスク】
【ユカちゃんの＃発酵自炊レッスン！】
のレシピをもとに制作しています。

INFORMATION

発酵デパートメント
〒155-0033
東京都世田谷区代田2丁目36-15
https://hakko-department.com/

ACCESS
下北沢駅から徒歩6分。
BONUS TRACK商業施設内にあります。

RADIO#ただいま発酵中
毎月テーマを設けて食の技術や歴史に詳しくなれる特集や、とことんディープに発酵を学ぶPodcastを発信中。いろんなことが学べてしまう発酵デパートメントのサービスをお楽しみください。

アートディレクション●狩野聡子（tri）
撮影●伊東武志（Studio GRAPHICA）
スタイリング●中村弘子
料理制作●好美絵美
イラスト●八の字
イラスト協力●せのいほ
DTP●高橋寛行
撮影協力●UTUWA、ペギー・キュウ
編集協力●福井 晶
編集●高尾真知子
加藤芳美（KADOKAWA）

小倉ヒラク

おぐらひらく／1983年、東京都生まれ。発酵デザイナー。早稲田大学文学部で文化人類学を学び、在学中にフランスへ留学。東京農業大学で研究生として発酵学を学んだ後、山梨県甲州市に発酵ラボをつくる。「見えない発酵菌のはたらきを、デザインを通して見えるようにする」ことを目指し、全国の醸造家や研究者たちと発酵・微生物をテーマにしたプロジェクトを展開。絵本＆アニメ『てまえみそのうた』でグッドデザイン賞2014受賞。2020年、発酵食品の専門店「発酵デパートメント」を東京・下北沢にオープン。著書に『発酵文化人類学 微生物から見た社会のカタチ』『日本発酵紀行』『オッス！食国 美味しいにっぽん』などがある。

発酵《はつこう》デパートメントとつくる

いますぐハッピー発《はつ》酵《こう》最《さい》強《きよう》レシピ

2025年4月2日　初版発行

著者／発酵《はつこう》デパートメント　小《お》倉《ぐら》ヒラク

発行者／山下 直久

発行／株式会社KADOKAWA
〒102-8177　東京都千代田区富士見2-13-3
電話　0570-002-301(ナビダイヤル)

印刷・製本／TOPPANクロレ株式会社

●お問い合わせ
https://www.kadokawa.co.jp/（「お問い合わせ」へお進みください）
※内容によっては、お答えできない場合があります。
※サポートは日本国内のみとさせていただきます。
※Japanese text only

定価はカバーに表示してあります。

ISBN 978-4-04-116129-6　C0077